MOLIÈRE

LE

MALADE IMAGINAIRE

PARIS

Librairie E. Flammarion

M DCCC XCVI

LES PIÈCES DE MOLIÈRE

LE

MALADE IMAGINAIRE

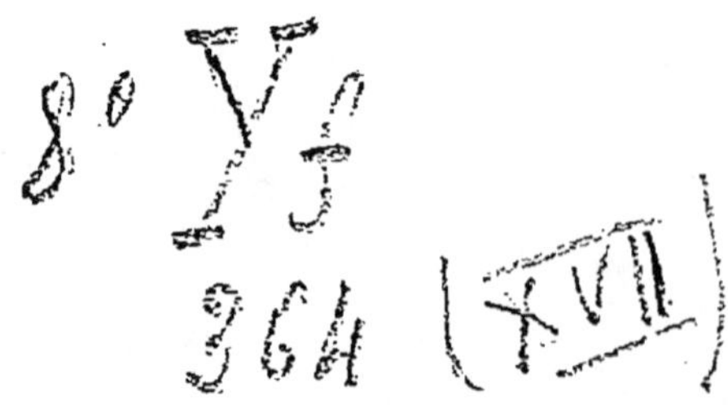

TIRAGE A PETIT NOMBRE

Il a été tiré en outre :

20 exemplaires sur papier du Japon, avec triple épreuve de la gravure (n°s 1 à 20).
25 exemplaires sur papier de Chine fort, avec double épreuve de la gravure (n°s 21 à 45).
25 exemplaires sur papier Whatman, avec double épreuve de la gravure (n°s 46 à 70).

70 exemplaires, numérotés.

LE MALADE IMAGINAIRE

(Acte I, Scène I)

MOLIÈRE

LE

MALADE IMAGINAIRE

COMÉDIE EN TROIS ACTES
AVEC UNE NOTICE ET DES NOTES

PAR

GEORGES MONVAL

Dessin de L. Leloir

GRAVÉ A L'EAU-FORTE PAR CHAMPOLLION

PARIS

LIBRAIRIE DES BIBLIOPHILES

E. FLAMMARION SUCCESSEUR

Rue Racine, 26, près de l'Odéon

M DCCC XCVI

NOTICE

SUR

LE MALADE IMAGINAIRE

> « *Opus peregisti tuum.* »
>
> (HYMNE DE L'ASCENSION.)

MOLIÈRE *était déjà frappé à mort quand il écrivit le* MALADE IMAGINAIRE, *et c'est assurément un beau spectacle de force d'âme que ce comédien défiant son mal et tirant le rire de la douleur même.*

Molière en santé n'aurait pas avec cette violence porté le dernier coup à l'impuissant savoir des médecins; Molière, heureux, n'aurait pas conçu LE

MISANTHROPE; *Molière hypocondre devait donner comme forme suprême de l'égoïsme l'amour de la santé, de ce plus précieux des biens, sans lequel on ne peut jouir d'aucun autre.*

Ses premières attaques contre la Faculté remontaient à la mort de son premier enfant.

Dès LE FESTIN DE PIERRE, *tout l'art des médecins n'est que « pure grimace » ; la médecine, « une des grandes erreurs qui soient parmi les hommes ».*

Dans L'AMOUR MÉDECIN, *les consultants noirs étalent « la forfanterie de leur art et le pompeux galimatias qui leur sert à éblouir les hommes, dont le plus grand faible est leur amour pour la vie ».*

Dans LE MÉDECIN MALGRÉ LUI, *un fagotier ignorant est improvisé docteur, et ne laisse pas de guérir... ou de tuer tout aussi bien qu'un autre; remarquant que « le bon de cette profession est qu'il y a parmi les morts une honnêteté, une discrétion la plus grande du monde ». C'était poliment traiter les médecins d'assassins.*

Et cependant l'année suivante, Molière déclarait publiquement la médecine « un art profitable ». — « Chacun la révère — *disait-il dans la* Préface du TARTUFFE, — *comme une des plus excellentes choses que nous ayons; et cependant il y a eu des temps où elle s'est rendue odieuse, et souvent on en a fait un art d'empoisonner les hommes.* »

C'est à ces temps-là qu'il pensait dans POURCEAU-

GNAC, *sanglante satire des médecins fanatiques, sinistres bourreaux du lourdaud provincial.*

Qui faut-il croire, ou le préfacier du TARTUFFE, *ou l'auteur du* MALADE *déclarant, par la bouche de Béralde, qu'il n'y a point de plus plaisante momerie que la prétention de guérir, et qu'il tient la Médecine « une des plus grandes folies qui soient parmi les hommes » ? Car, de son propre aveu, ce ne sont plus les médecins seuls qu'il joue, mais le ridicule et la vanité de la médecine même.*

Molière, en s'attaquant au principe et au fond de la science, exagérait-il sa pensée intime, lui qui définissait le médecin « un homme que l'on paye pour conter des fariboles dans la chambre d'un malade jusqu'à ce que la Nature l'ait guéri, ou que les remèdes l'aient tué[1] *? »*

Ce qui donne à penser que Molière, « impie en médecine » comme Don Juan, était d'une absolue bonne foi, c'est que, même le jour de sa mort, aucun médecin ne parut à son chevet. Il ne demanda ni Mauvillain, ni Bachot, ni Liénard, ses amis, ni Bernier, qu'il avait connu à Montpellier vingt ans plus tôt.

---

1. « Vous avez un médecin, lui demande un jour Louis XIV. Que vous fait-il ? » — « Sire, répond Molière, nous raisonnons ensemble : il m'ordonne des remèdes, je ne les fais point et... je guéris.

Ce médecin de Molière était Armand-Jean de Mauvillain, docteur-régent et doyen de la Faculté de Paris, mort le 24 juillet 1685. Il fut aussi le médecin de La Grange.

Il envoya chercher un prêtre, qui ne vint pas ou arriva trop tard ; on trouve à son lit de mort Baron, deux religieuses, ses beaux-frères André Boudet et J.-B. Aubry, M. Couton, son voisin, mais pas l'ombre d'un médecin. Molière n'avait de force que pour porter son mal : la moindre ordonnance, le plus petit remède[1] *l'aurait achevé avant la 4e représentation de son* MALADE IMAGINAIRE, *et l'on sait qu'il ne mourut qu'à dix heures du soir.*

La pièce, montée en moins de deux mois avec son prologue et ses intermèdes, avait été répétée généralement le mardi 7 février et donnée pour la première fois le vendredi 10. Destinée au divertissement du Roi, elle ne fut cependant pas jouée à Saint-Germain-en-Laye, où la Cour était alors, mais sur le théâtre public du Palais-Royal, devant une recette de 1,992 livres.

Voici quelle fut la distribution originale, autant qu'on peut la restituer en l'absence de documents complets :

ARGAN	MOLIÈRE.
BÉRALDE	La Thorillière.
PURGON	La Grange.
LE PRŒSES	

1. Il n'est pas dit, dans l'*Inventaire* publié par Eud. Soulié, que les 191 livres 10 sols dus aux apothicaires Frapin et Dupré fussent pour médicaments *personnels* à Molière.

CLÉANTE.	Baron[1].
DIAFOIRUS père	Hubert.
THOMAS[2]	Beauval.
M. DE BONNEFOI.	Du Croisy.
M. FLEURANT[3].	De Brie.
BÉLINE.	Mlles De Brie.
ANGÉLIQUE.	Molière.
TOINETTE	Beauval.
LOUISON.	Petite L. Beauval.

La seconde représentation, du surlendemain dimanche 12, ne donna que 1,459 livres; mais à la troisième, le mardi 14, la recette fut de 1,879 livres 10.

Le vendredi 17, premier anniversaire de la mort de Madeleine Béjart, sa vieille amie (sa belle-mère ou sa belle-sœur ? on n'en saura la vérité que le jour où seront retrouvés l'acte de décès de la Fran-

1. Pour préparer Baron à ce rôle, la troupe lui donna un maître à chanter. (*Registre* de Hubert, aux dates des 10 janvier et 10 février 1673.)

2. Sur la manière dont ce rôle est toujours joué en charge depuis un siècle au moins, voir les *Études sur Molière*, par Cailhava, p. 340. — La thèse que Thomas offre à Angélique est, à la Comédie-Française, de temps immémorial, la thèse de philosophie de l'abbé de Louvois, Camille Le Tellier, 4e fils du ministre, soutenue au Collège Mazarin en août 1692. L' « image » est de Mignard.

3. Molière avait trouvé ce nom tout fait, à Lyon : il y avait, rue Saint-Dominique, un apothicaire du nom de Fleurant. Un de ses descendants, M. Fleurant le jeune, était chirurgien à Lyon, en 1783. (*Journal littéraire de Nancy*, t. X, n° II, p. 79.)

çoise de 1638, et l'extrait baptistaire d'Armande), Molière se sentit plus incommodé : il fit avancer l'heure du spectacle, et joua son rôle d'Argan avec beaucoup de peine. En prononçant le Juro *de la* Cérémonie, *il lui prit une convulsion, mais il fit l'effort d'achever la pièce.*

Son camarade La Grange a consigné ce triste souvenir dans son Journal : *« Ce même jour, après la comédie, sur les dix heures du soir, M. de Molière mourut dans sa maison, rue de* Richelieu, *ayant joué le rôle du* MALADE IMAGINAIRE, *fort incommodé d'un rhume et fluxion sur la poitrine, qui lui causait une grande toux. »*

La cinquième représentation ne fut donnée que quinze jours après, le vendredi 3 mars : ce fut La Thorillière qui joua le rôle d'Argan. La pièce fut donnée encore neuf fois jusqu'à la clôture de Pâques : la dernière recette tomba à 663 liv. 10 s.

Repris au bout de plus d'une année, le 4 mai 1674, au théâtre de Guénégaud, LE MALADE IMAGINAIRE *eut alors trente-neuf représentations, dont deux aux fêtes de Versailles.*

La Thorillière et Baron étant passés à l'Hôtel de Bourgogne avec le couple Beauval, ce fut Rosimond qui joua le rôle principal; La Grange chanta le joli duo de Cléante avec Mlle Molière[1]*; Toinette et*

---

1. Voir les *Entretiens galants*, 1681, t. II, p. 91.

Thomas furent privés de leurs inimitables créateurs.

Entre temps, défenses avaient été faites à tous autres comédiens, même de province, de représenter la pièce avant qu'elle fût imprimée [1].

On la joua à la fois à la rue Mazarine et à l'Hôtel de Bourgogne; elle devint populaire, et sa longue vogue nous est attestée par le Calendrier pour l'année bissextile 1680 [2], *dont l'image nous fournit de précieux renseignements sur les costumes, et peut-être des portraits : au-dessous d'une gravure représentant le cabinet des consultations du fameux médecin de Beux, qui occupe la moitié de la planche, le* Malade imaginaire, faisant le mort pour esprouver l'amitié de sa femme, *comprend cinq personnages sur un fond de tapisserie de verdure. Argan, dans sa chaise, une seringue à ses pieds, a la tête appuyée sur trois oreillers; il est enveloppé d'une longue robe de chambre; un mouchoir autour du cou, un bonnet sur la tête : toute sa barbe; il est élevé sur un socle carré, dont la face contient les douze mois de l'Almanach. A sa droite, Toinette, le mouchoir à la main, costume de servante, jupe longue et plate et tablier de même longueur. Au*

---

1. Lettre de cachet du 7 janvier 1674, reproduite en fac-simile, par le *Moliériste* de septembre 1883.

2. A Paris, chez N. Langlois, rue Saint-Jacques, à la Victoire, avec privilège du Roy, in-folio. (Œuvre gravé de Le Pautre, au cabinet des Estampes. Ed. 42 b. p. 104.)

second plan, Béralde en manteau, le chapeau sur la tête, sort de sa cachette en soulevant un pan de la tapisserie. A gauche, Angélique et, derrière elle, Béline, pleurant dans son mouchoir. La légende se compose de vingt vers d'almanach, dont voici un échantillon :

TOINETTE.

Hélas ! mon maistre est mort sans aucun Médecin,
Luy qui à touts moments les avoit à la bouche !
Cet accident fâcheux sensiblement me touche,
Car je crains que Madame en meure de chagrin.

Il est bien heureux que l'auteur de ce quatrain n'ait pas eu l'idée de mettre en vers LE MALADE IMAGINAIRE, *comme on avait fait des* PRÉCIEUSES, *comme on allait faire du* MARIAGE FORCÉ *et du* FESTIN DE PIERRE. *Déjà la pièce avait été défigurée par un contrefacteur hollandais, qui n'avait même pas respecté les noms des personnages. Dans cette édition d'Amsterdam, D. Elzévir, 1674, Argan est devenu Orgon ; Béralde, Oronte ; Purgon, Turbon ; Toinette, Cato ; Angélique, Isabelle. L'œuvre de Molière est méconnaissable.*

L'édition publiée à Cologne, la même année, chez J. Sambix, est beaucoup plus correcte ; elle a servi à l'édition de Paris, Thierry-Barbin, 1675. Mais deux scènes du premier acte et le troisième tout entier n'étaient pas le vrai texte de Molière, et ce n'est qu'en 1682 que La Grange imprima la pièce « cor-

rigée, sur l'original de l'auteur, de toutes les fausses additions et suppositions de scènes entières faites dans les éditions précédentes. » *C'est ce dernier texte, conforme aux représentations, que nous donnons ici, en indiquant les trop nombreuses coupures que l'usage semble autoriser aujourd'hui.*

Le premier intermède (Polichinelle et les archers) est imité de l'avant-dernière scène du CANDELAIO, *comédie de Giordano Bruno.*

Quant au dernier, la Cérémonie, *dont quelques détails auraient été fournis à Molière par son ami Mauvillain, la première idée en peut remonter au séjour de l'Illustre Théâtre à Montpellier. C'était le temps où Jean Mignot (de Saint-Rémy), Charles Barbeyrac (de Saint-Martin), François Archambaud (de Chinon), le manceau F. Cureau de la Chambre, et l'angevin François Bernier*[1] *étudiaient dans la célèbre Faculté fidèle à Galien, à Hippocrate, à l'antimoine, et gardienne de la robe de Rabelais.*

Un passage de la Vie de Locke[2] *nous initie au cérémonial de la réception d'un médecin en cette ville.*

---

1. On sait que Bernier avait été, comme Molière, l'élève de Gassendi, dont il publia un *Abrégé*. Pendant ses voyages en Asie, Bernier-Mogol écrivit à Chapelle et à D'Assoucy. Ne trouvera-t-on pas une lettre de lui à Molière?

2. *The life of John Locke*, by lord King. London, 1830, t. I, p. 118.

Un an après la mort de Molière, le philosophe anglais visita Montpellier, et voici sa curieuse Recette pour faire un Docteur en médecine : « *Grande procession de docteurs, habillés de rouge, avec des toques noires; dix violons jouant des airs de Lulli. Le président s'assied, fait signe aux violons qu'il veut parler et qu'ils aient à se taire, se lève, commence son discours par l'éloge de ses confrères, et le termine par une diatribe contre les innovations et la circulation du sang. Il se rassied. Les violons recommencent. Le récipiendaire prend la parole, complimente le chancelier, complimente les professeurs, complimente l'Académie. Encore les violons. Le président saisit un bonnet qu'un huissier porte au bout d'un bâton, et qui a suivi processionnellement la cérémonie, coiffe le nouveau docteur, lui met au doigt un anneau, lui serre les reins d'une chaîne d'or, et le prie poliment de s'asseoir.* »

Ce récit est en partie confirmé par le Mercure Galant *d'octobre* 1680, *qui contient une relation des « magnificences faites à la réception d'un médecin de Montpellier ». Il s'agit précisément du fils de M. Barbeyrac, l'étudiant de* 1650, *cité plus haut, qui possédait, trente ans plus tard,* 4 *ou* 500,000 *livres de bien, et qui, chaque année, en gagnait encore* 15 *à* 20,000 [1]. *Brueys était son parent.*

---

1. « M. Purgon est un homme qui a huit mille bonnes

Ceux qui briguaient alors le bonnet de docteur étaient obligés de donner à leurs amis une fête, souvent assez coûteuse (n'avons-nous pas, encore aujourd'hui, des dîners de thèse?). « La grande salle de la Faculté de médecine était tapissée de haute lisse. Tous les bancs, aussi bien que la chaise du Docteur, étaient garnis d'un drap bleu, avec des chiffres de soie et d'or en plusieurs endroits. Le pavé était parsemé de laurier et d'herbe avec force fleurs. »

On observe les cérémonies accoutumées à le recevoir docteur. On sort ensuite, et on le remène chez lui dans l'ordre suivant : « 14 violons marchaient les premiers avec 6 hautbois et 4 trompettes. Ils précédaient le nouveau docteur, vêtu d'une robe noire, ayant un bonnet carré couvert de soie rouge, une chaîne d'or qui lui servait de ceinture, et un diamant au doigt d'un prix très considérable. On le voyait au milieu des professeurs de la Faculté, qui portaient leurs grandes robes de brocart rouge[1] *avec*

livres de rente. — Il faut qu'il ait tué bien des gens pour s'être fait si riche. » — J'ai retrouvé l'inventaire de F. Guénault, premier médecin de la Reine, le Macroton de l'*Amour Médecin*, mort en 1667, rue des Noyers. Il laissait 28,438 livres 9 s. 6 d. en argent. Sa pension était de 6,000 livres.

1. Le même document donne de précieux détails sur les différents costumes d'un médecin au temps de Molière : robe de satin noir de conseiller d'État garnie de ses parements, servant de soutane, et sa ceinture en façon de cor-

des bonnets couverts de soie de même couleur. Ils étaient suivis de plus de deux cents docteurs, chacun en robe noire et en bonnet, marchant deux à deux, et ayant à leur tête leurs quatre bedeaux, en robe et en bonnet ainsi qu'eux, et portant chacun une longue masse d'argent. Les parents et les amis fermaient cette marche[1]. »

Ajoutez quelques chirurgiens et apothicaires, munis de mortiers et de seringues, et la musique de Charpentier[2], *n'aurons-nous pas la « Cérémonie » du* MALADE?

Arrivé au logis de M. Barbeyrac, le cortège se rend dans la salle du bal et danse jusqu'à huit heures. Un souper en musique est suivi de la comédie : une troupe de campagne joue LA DEVINERESSE,

---

delière, avec un chapperon de drap d'Hollande écarlate, bordé d'hermine autour par en bas ; — une robe servant aux Escolles de médecine et deux longs manteaux, le tout de ratz noir ; — un long manteau et deux soutanes de taffetas noir ; — une grande robe de drap du sceau rouge, avec la fourrure de docteur en médecine ; — un pourpoint, haut de chausses et manteau, le tout de drap noir d'Espagne, le manteau doublé de velours ; — les mêmes, en serge noire ; — enfin deux robes de chambre, l'une de moire noire doublée de revesche, l'autre de camelot gris d'Hollande, doublée de petit gris, garnie de boutons et gances or, soie et argent, avec rubans de taffetas. » (*Inventaire* de F. Guénault, du 23 mai 1667, inédit.)

1. *Mercure Galant* d'octobre 1680, pp. 190-208.

2. M. C. Saint-Saëns a publié récemment, chez Durand, la partition piano et chant du *Malade*, restaurée par lui.

alors dans sa nouveauté ; puis le bal recommençe et termine la fête, qui dura quatre jours.

Molière avait certainement assisté, vingt-cinq ans plus tôt, à quelque cérémonie pareille, et l'image en était restée dans un coin de sa mémoire pour en sortir au moment voulu, réveillée peut-être par l' « *entrée des Docteurs* » *du ballet de* L'Amour malade :

« Oh bene, oh bene, oh bene
S'incoroni sù sù,
E che poter dir più
Un Filosofo di Athène?
Oh bene, oh bene, oh bene. »

« *Il serait assez piquant de savoir ce que les médecins ont dit de Molière* », *écrivait, il y a trente-quatre ans, M. le docteur Maurice Raynaud au chapitre VIII de son excellente thèse de doctorat ès lettres :* Les Médecins au temps de Molière, *qui est le meilleur commentaire du* Malade imaginaire.

Le savant et spirituel historien médical ne connaissait donc pas un petit livre très curieux, que possède cependant la Bibliothèque de la Faculté ? Dès 1677, *Germain de Bezançon publiait, à Paris, huit* « *entretiens sur la vérité et l'utilité de la médecine* » *dont il faisait profession, sous le titre de :* Les Médecins à la Censure [1]. *Le* 1er, *le* 5e *et le* 7e *parlent*

---

1. A Paris, chez L. Gontier, MDCLXXVII, pet. in-8° de x et 371 p. G. de Bezançon est encore l'auteur d'une *Lettre à M. Fagon,* publiée à Paris (L. d'Houry, 1683,

précisément de Molière. L'auteur rappelle que de tout temps les médecins ont été exposés à la censure publique (n'étaient-ils pas, dans l'antiquité, déclarés infâmes ?) Son livre n'est pas l'apologie de la médecine, mais un simple jeu d'esprit qui s'est plu à ramasser tout ce qui se peut dire pour et contre cette science.

Sosandre, médecin connu dans le monde, se promène dans le Jardin des Plantes, examinant quelques simples. Il aperçoit dans une allée voisine deux personnages qu'il reconnaît : Cariste, célèbre dans le droit et la théologie, et Cléante, gentilhomme qui possède assez les belles-lettres. Ce dernier tient un livre à la main, Cariste lui demande quel est ce livre ?

« CLÉANTE. *C'est la comédie du* MALADE IMAGINAIRE, *dont je vis hier la représentation ; j'avais commencé d'en lire quelque scène attendant compagnie ; je ne me lasse point de repasser sur cette pièce ; j'y trouve des caractères touchés d'une manière vive et délicate, le tour aisé.* — CARISTE. *Tout y est admirablement conduit ; d'un bout à l'autre, on y*

pet. in-8°), sous le titre de *La Médecine prétendue réformée* ou l'examen du *Traité des fièvres* du hollandais Bontekoé. Bezançon était, comme Fagon, partisan du quinquina, et son attachement à l'ancienne doctrine ne lui faisait pas mépriser les remèdes nouveaux. C'était un savant éclairé, ennemi des systèmes, chercheur de vérité : ce n'était pas un médecin de Molière. Vers 1688, il entra dans les Ordres.

voit régner une satyre extrêmement fine et bien poussée. — CLÉANTE. *Ah! le charmant comique! deux heures ne me coulèrent jamais si agréablement.* — CARISTE. *L'action de son fameux auteur triompha autrefois en la représentation de cette pièce; ses postures m'ont souvent diverti; mais je remarquai un jour quelque chose qui me choqua.* »

Cléante, qui avait été l'admirateur perpétuel de ce comédien célèbre, lui demande avec empressement quelle était la faute qu'il avait observée en lui.

« CARISTE. *C'est une bagatelle connue de tout le monde : c'est qu'il démentit une fois son caractère, et que d'un malade imaginaire il prit la peine d'en faire un trop véritable. Son rôle était seulement de contrefaire le mort, non pas aller de gaîté de cœur...* — CLÉANTE (*avec un souris*). *Ah! j'entends ce que vous voulez dire; il est vrai que ce trait sort du bon caractère*[1]. *Ce n'est pas qu'aux grands auteurs comme lui, on n'accorde de certaines licences qu'on ne permettrait pas aux poètes et aux comédiens médiocres; mais des licences de cette force-là sont un peu outrées.* — CARISTE. *Il a tort, il a tort; les autres fautes peuvent être colorées; celle de se laisser*

---

1. Cette plaisanterie fait le fond de la plupart des *épitaphes* et *épigrammes* publiées à la mort de Molière. Voir notre *Recueil* (vol. XIV de la *Nouvelle collection moliéresque*). Voir aussi les *Médecins vengez* ou *la Suite du Malade imaginaire*. Cologne, 1677.

mourir, — comme il disait lui-même — ne souffre point d'excuse ; et MM. les médecins ont droit de se récrier contre une mort qui n'est point arrivée dans les formes. Afin que les choses se fissent de bonne grâce, il fallait au moins quelque petite ordonnance. — CLÉANTE. *Comme son emploi était de divertir, je crois que par l'impromptu de son trépas, il a voulu faire rire la Médecine qu'il avait tant de fois attristée. Il l'a bernée d'une étrange manière sans qu'elle ait jamais formé la moindre plainte ; sa patience méritait bien quelque petite récréation.* — CARISTE. *En effet, chacun regarde la Médecine comme un modèle achevé de patience. Pour moi, je la crois malade à l'extrémité, puisqu'elle est même abandonnée de tous les médecins.* Pas un d'eux n'a répliqué le moindre mot à sa défense, *il y a de la cruauté dans le traitement qu'on lui fait. Ce n'est point d'un galant homme d'égorger un ennemi qui, sous les pieds de son vainqueur, lui demande la vie. Depuis huit ou dix ans que ce Poète mâtinait la Médecine, elle avait essuyé ses railleries avec une constance de héros. Sa misère ne devait-elle pas lui faire pitié, et la parer du dernier coup mortel dont il l'accable en cette comédie ?* — CLÉANTE. *J'avoue que la touche est rude, et MM. les Purgons y sont purgés d'une dose un peu forte. Mais, dites-moi, peut-on mettre trop en son jour la momerie de ces charlatans qui, sous la figure de guérisseurs, sont les véritables pestes du genre humain? —* Cariste. *A quoi pensez-vous donc? Ignorez-vous que vous êtes sur les terres de la Médecine? Parler ainsi dans le Jardin des Plantes, c'est à la barbe d'Esculape se rire de son pouvoir! Les médecins sont vindicatifs. S'ils viennent à vous entendre, vous êtes sûr que, quand vous tomberez malade, ils ne voudront jamais vous ordonner la moindre saignée, ni le plus petit lavement; ou, s'ils vous font quelque ordonnance, craignez quelque chose de pis : leur colère est mortelle. —* Cléante. *Je leur permets de me tuer, quand j'aurai recours à leurs ordonnances. Ils gagneront peu de mon argent; et, si je désire les voir, ce n'est que pour les fronder à mon aise. Je voudrais pour beaucoup rencontrer ici quelqu'un de ces vénérables saigneurs, j'aurais un plaisir de prince à les dauber. —* Cariste. *Il est aisé d'en trouver en ce lieu, et j'ai de la joie d'être avec vous de compagnie pour attaquer ces pédants meurtriers. J'ai, depuis longtemps, fait un amas de puissantes raisons contre leur art; il faut que j'en décharge une fois mon cœur.* » (Page 8.)

Ici paraît le docteur Sosandre, qui entre dans la conversation et soutient contre les deux amis la nécessité, l'ancienneté et l'excellence de la Médecine, la santé du corps étant le fondement de tous les biens. Il reproche à Molière, ennemi déclaré de la

Médecine, d'avoir joué tout ce qui est de grand dans le monde[1].

« CARISTE. *Il est vrai, mais il était particulièrement déchainé contre la Médecine; elle était en butte à tous ses traits.* — CLÉANTE. *Il a poussé son caractère jusques au bout, et jamais il n'est revenu du mépris de la Médecine; on ne trouvera, je crois, dans ses ouvrages, guères de contradictions sur ce point. Cependant, vous nous ferez voir, Sosandre, qu'il n'a pas seulement effleuré cette science; franchement, j'ai la dernière curiosité pour une merveille si surprenante.* — SOSANDRE. *Je ne doute point qu'en plusieurs de ses pièces il n'ait joué les médecins et la Médecine même. Il remarquait que le peuple prenait goût à ces sortes de satyres, il a suivi son inclination, et il y faisait bien ses affaires; mais soyez sûr* qu'il parlait contre ses sentiments: *le fond de son cœur tenait pour cette science utile, lors même que ses grimaces la décriaient. Vous vous imaginez que je dis ceci gratis : je veux que vous n'en croyez que Molière même. J'en ai découvert la preuve nette et décisive, en un endroit de ses écrits fort propre à satisfaire votre grande curiosité, c'est en la préface de la comédie du* TARTUFFE, *où il parle ainsi :*

« Qu'est-ce que dans le monde on ne corrompt point tous les jours? Il n'y a chose si innocente où les hommes ne puissent porter du crime; point d'art si salutaire dont ils

1. Page 309, 7e entretien.

ne soient capables de renverser les intentions; rien de si bon en soi qu'ils ne puissent tourner à de mauvais usages : la *Médecine est un art profitable, et chacun la révère comme une des plus excellentes choses que nous ayons*, et cependant il y a eu des temps où elle s'est rendue odieuse. »

Un témoignage si favorable à la Médecine, sorti d'une bouche qui a tant crié contre elle, n'est, à mon avis, guères suspect : une préface est un lieu où l'auteur parle sérieusement et de sens rassis. Dans une pièce comique, la plaisanterie et la fiction peuvent donner un tour forcé à ses pensées; mais dans cet endroit, la raison, revenue de toutes les saillies poétiques, parle toute seule. On ne peut point attribuer le passage que je viens de rapporter au caractère particulier d'un acteur. Molière avait dressé cette préface pour expliquer à tout le peuple ses véritables sentiments sur la religion, que sa comédie du Tartuffe *avait rendus suspects; il ne parle point là en poète ni en comédien : c'est le seul endroit où il s'explique en chrétien et en philosophe. C'est pourquoi il est sans doute plus propre à nous marquer ses véritables intentions, que tous les autres textes qu'on pourrait tirer du corps de ses comédies.*

« Personne ne trouva de réplique à un passage si formel », ajoute l'auteur, qui certainement n'avait guère de rancune, et était, en tout cas, homme d'esprit. Telle est la conclusion d'un médecin, qui écrivait quatre ans à peine après la mort de Molière : son badinage n'est pas d'un homme irrité.

Indulgent aussi, le bon Estienne Bachot, qui fit une épitaphe à la gloire de Molière[1].

Charles Perrault, qui n'était pas médecin, mais frère de médecin, s'est borné à dire que Molière ne devait pas tourner en ridicule les bons médecins, que l'Ecriture nous enjoint d'honorer.

Jean Bernier est plus dur : dans le chapitre de ses Essais (1689), *consacré aux ennemis de la Médecine, il accuse Molière « de n'avoir fait monter la Médecine en spectacle de raillerie sur le théâtre, que par intérêt et pour se venger d'une famille de médecins, sans se mettre fort en peine des règles, et particulièrement de celle de la vraisemblance*[2]. » *Mais ce Bernier était un grincheux doublé d'un sot.*

Aujourd'hui, la paix est faite; des médecins écrivent des à-propos pour le 15 janvier, et Molière, réconcilié avec la Faculté, aura peut-être un jour sa statue dans la cour de l'Ecole de Médecine : c'était, il y a six ans, le vœu d'un jeune médecin, M. le docteur Léon Petit, qui ne craignit pas, à la barbe de ses confrères, de terminer sa conférence à l'Hôtel des Sociétés savantes par cet hommage imprévu :

« A l'homme qui a le plus contribué à l'avènement de la médecine expérimentale, A MOLIÈRE ! »

Et l'éloge n'avait rien d'exagéré. En combattant

---

1. *Molieri tumulus* (*Parerga*, 1686, p. 40), traduit par le *Mercure* de janvier 1736.

2. Page 215.

l'ancienne médecine, Molière ouvrait la voie à la science moderne. Comme dans la question des femmes, il était resté dans la tradition latine et gauloise en raillant le vain savoir et le charlatanisme des médecins ; Pline, Pétrarque, Montaigne avaient, avant lui, douté du pouvoir de la science. Son maître Gassendi ne croyait pas aux remèdes, et déjà le théâtre avait exploité cette veine comique : Guillot-Gorju, transfuge de la Faculté dont un de ses parents avait été doyen, fit monter sur les planches de l'Hôtel de Bourgogne la robe et le chapeau des docteurs, et la tradition veut que Molière ait acheté de la veuve du farceur les manuscrits de ses scénarios.

Mais voyons ici plus qu'un moyen comique de plaisanterie facile et convenue : c'est un philosophe qui parle, et Molière lui-même pensait véritablement ce que dit Béralde. J'en reviens toujours à ce fait significatif, qu'aucun médecin ne parut à son lit de mort. En repoussant leur secours jusqu'à son dernier souffle, Molière rendait un suprême hommage à la Nature, le guide de toute sa vie.

GEORGES MONVAL.

LE MALADE IMAGINAIRE

COMÉDIE

MÊLÉE DE MUSIQUE ET DE DANSE

Malade imaginaire.

LE

MALADE IMAGINAIRE

LE PROLOGUE

Après les glorieuses fatigues et les exploits victorieux de notre auguste Monarque, il est bien juste que tous ceux qui se mêlent d'écrire travaillent ou à ses louanges, ou à son divertissement. C'est ce qu'ici l'on a voulu faire, et ce prologue est un essai des louanges de ce grand Prince, qui donne entrée à la comédie du *Malade imaginaire,* dont le projet a été fait pour le délasser de ses nobles travaux.

(*La décoration représente un lieu champêtre fort agréable.*)

ÉGLOGUE

EN MUSIQUE ET EN DANSE.

FLORE, PAN, CLIMÈNE, DAPHNÉ,
TIRCIS, DORILAS, DEUX ZÉPHIRS,
TROUPE DE BERGÈRES ET DE BERGERS.

FLORE.

Quittez, quittez vos troupeaux,
Venez, Bergers, venez, Bergères,
Accourez, accourez sous ces tendres ormeaux ;
Je viens vous annoncer des nouvelles bien chères
Et réjouir tous ces hameaux.
Quittez, quittez vos troupeaux,
Venez, Bergers, venez, Bergères,
Accourez, accourez sous ces tendres ormeaux.

CLIMÈNE ET DAPHNÉ.

Berger, laissons là tes feux,
Voilà Flore qui nous appelle.

TIRCIS ET DORILAS.

Mais au moins dis-moi, cruelle,

TIRCIS.

Si d'un peu d'amitié tu payeras mes vœux ?

DORILAS.

Si tu seras sensible à mon ardeur fidèle?

CLIMÈNE ET DAPHNÉ.

Voilà Flore qui nous appelle.

TIRCIS ET DORILAS.

Ce n'est qu'un mot, un mot, un seul mot que je veux.

TIRCIS.

Languirai-je toujours dans ma peine mortelle?

DORILAS.

Puis-je espérer qu'un jour tu me rendras heureux?

CLIMÈNE ET DAPHNÉ.

Voilà Flore qui nous appelle.

ENTRÉE DE BALLET.

Toute la troupe des bergers et des bergères va se placer en cadence autour de Flore.

CLIMÈNE.

Quelle nouvelle parmi nous,
Déesse, doit jeter tant de réjouissance?

DAPHNÉ.

Nous brûlons d'apprendre de vous
Cette nouvelle d'importance.

DORILAS.

D'ardeur nous en soupirons tous.

TOUS.

Nous en mourons d'impatience.

FLORE.

La voici ; silence, silence !
Vos vœux sont exaucés, LOUIS est de retour ;
Il ramène en ces lieux les plaisirs et l'amour,
Et vous voyez finir vos mortelles alarmes ;
Par ses vastes exploits son bras voit tout soumis :
Il quitte les armes,
Faute d'ennemis.

TOUS.

Ah ! quelle douce nouvelle !
Qu'elle est grande ! qu'elle est belle !
Que de plaisirs ! que de ris ! que de jeux !
Que de succès heureux !
Et que le Ciel a bien rempli nos vœux !
Ah ! quelle douce nouvelle !
Qu'elle est grande ! qu'elle est belle !

ENTRÉE DE BALLET.

Tous les bergers et bergères expriment par des danses les transports de leur joie.

FLORE.

De vos flûtes bocagères
Réveillez les plus beaux sons ;

LOUIS offre à vos chansons
La plus belle des matières.
Après cent combats
Où cueille son bras
Une ample victoire,
Formez entre vous
Cent combats plus doux
Pour chanter sa gloire.

TOUS.

Formons entre nous
Cent combats plus doux
Pour chanter sa gloire.

FLORE.

Mon jeune amant, dans ce bois,
Des présents de mon empire
Prépare un prix à la voix
Qui saura le mieux nous dire
Les vertus et les exploits
Du plus auguste des rois.

CLIMÈNE.

Si Tircis a l'avantage,

DAPHNÉ.

Si Dorilas est vainqueur,

CLIMÈNE.

A le chérir je m'engage.

DAPHNÉ.

Je me donne à son ardeur.

TIRCIS.

O trop chère espérance !

DORILAS.

O mot plein de douceur !

TOUS DEUX.

Plus beau sujet, plus belle récompense,
Peuvent-ils animer un cœur ?

Les violons jouent un air pour animer les deux bergers au combat, tandis que Flore, comme juge, va se placer au pied de l'arbre, avec deux Zéphirs, et que le reste, comme spectateurs, va occuper les deux côtés de la scène.

TIRCIS.

Quand la neige fondue enfle un torrent fameux,
Contre l'effort soudain de ses flots écumeux
Il n'est rien d'assez solide ;
Digues, châteaux, villes et bois,
Hommes et troupeaux à la fois,
Tout cède au courant qui le guide.
Tel, et plus fier, et plus rapide,
Marche LOUIS dans ses exploits.

. . . .

BALLET.

Les bergers et bergères [du côté de Tircis] dansent autour de lui, sur une ritournelle, pour exprimer leurs applaudissements.

DORILAS.

Le foudre menaçant qui perce avec fureur
L'affreuse obscurité de la nue enflammée
Fait d'épouvante et d'horreur
Trembler le plus ferme cœur ;
Mais à la tête d'une armée
LOUIS jette plus de terreur.

BALLET.

Les bergers et bergères [du côté de Dorilas] font de même que les autres.

TIRCIS.

Des fabuleux exploits que la Grèce a chantés,
Par un brillant amas de belles vérités
Nous voyons la gloire effacée ;
Et tous ces fameux demi-dieux
Que vante l'histoire passée
Ne sont point à notre pensée
Ce que LOUIS est à nos yeux.

BALLET.

Les bergers et bergères [du côté de Tircis] font encore la même chose.

DORILAS.

LOUIS fait à nos temps, par ses faits inouïs,
Croire tous les beaux faits que nous chante l'histoire
Des siècles évanouis ;
Mais nos neveux, dans leur gloire,
N'auront rien qui fasse croire
Tous les beaux faits de LOUIS.

BALLET.

Les [bergers et] bergères [du côté de Dorilas] font encore de même ; après quoi, les deux partis se mêlent.

PAN, suivi de six Faunes.

Laissez, laissez, Bergers, ce dessein téméraire ;
Hé ! que voulez-vous faire ?
Chanter sur vos chalumeaux
Ce qu'Apollon sur sa lyre,
Avec ses chants les plus beaux,
N'entreprendroit pas de dire ?
C'est donner trop d'essor au feu qui vous inspire,
C'est monter vers les cieux sur des ailes de cire,
Pour tomber dans le fond des eaux.

Pour chanter de LOUIS l'intrépide courage,
Il n'est point d'assez docte voix,
Point de mots assez grands pour en tracer l'image.
Le silence est le langage
Qui doit louer ses exploits.
Consacrez d'autres soins à sa pleine victoire,
Vos louanges n'ont rien qui flatte ses désirs ;
Laissez, laissez là sa gloire,
Ne songez qu'à ses plaisirs.

TOUS.

Laissons, laissons là sa gloire,
Ne songeons qu'à ses plaisirs.

FLORE.

Bien que, pour étaler ses vertus immortelles,
La force manque à vos esprits,
Ne laissez pas tous deux de recevoir le prix.
Dans les choses grandes et belles,
Il suffit d'avoir entrepris.

ENTRÉE DE BALLET.

Les deux Zéphirs dansent avec deux couronnes de fleurs à la main, qu'ils viennent donner ensuite aux deux bergers.

CLIMÈNE ET DAPHNÉ, en leur donnant la main.

Dans les choses grandes et belles,
Il suffit d'avoir entrepris.

TIRCIS ET DORILAS.

Ha ! que d'un doux succès notre audace est suivie !

FLORE ET PAN.

Ce qu'on fait pour LOUIS, on ne le perd jamais.

LES QUATRE AMANTS.

Au soin de ses plaisirs donnons-nous désormais.

FLORE ET PAN.

Heureux, heureux qui peut lui consacrer sa vie !

TOUS.

Joignons tous dans ces bois
Nos flûtes et nos voix,
Ce jour nous y convie ;
Et faisons aux échos redire mille fois :
« LOUIS est le plus grand des rois.
Heureux, heureux qui peut lui consacrer sa vie ! »

DERNIÈRE ET GRANDE ENTRÉE DE BALLET.

Faunes, bergers et bergères, tous se mêlent, et il se fait entre eux des jeux de danse ; après quoi, ils se vont préparer pour la comédie.

AUTRE PROLOGUE

(Le théâtre représente une forêt.)

L'ouverture du théâtre se fait par un bruit agréable d'instruments. Ensuite une bergère vient se plaindre tendrement de ce qu'elle ne trouve aucun remède pour soulager les peines qu'elle endure. Plusieurs Faunes et Ægipans, assemblés pour des fêtes et des jeux qui leur sont particuliers, rencontrent la bergère. Ils écoutent ses plaintes, et forment un spectacle très divertissant.

PLAINTE DE LA BERGÈRE.

Votre plus haut savoir n'est que pure chimère,
Vains et peu sages médecins ;
Vous ne pouvez guérir, par vos grands mots latins,
La douleur qui me désespère :
Votre plus haut savoir n'est que pure chimère.

Hélas ! je n'ose découvrir
Mon amoureux martyre
Au berger pour qui je soupire,
Et qui seul peut me secourir.
Ne prétendez pas le finir,

Ignorants médecins, vous ne sauriez le faire :
Votre plus haut savoir n'est que pure chimère.

Ces remèdes peu sûrs, dont le simple vulgaire
Croit que vous connoissez l'admirable vertu,
Pour les maux que je sens n'ont rien de salutaire,
Et tout votre caquet ne peut être reçu
Que d'un MALADE IMAGINAIRE.

Votre plus haut savoir n'est que pure chimère,
Vains et peu sages médecins ;
Vous ne pouvez guérir, par vos grands mots latins,
La douleur qui me désespère :
Votre plus haut savoir n'est que pure chimère.

(*Le théâtre change et représente une chambre.*)

LE MALADE IMAGINAIRE

ACTEURS.

ARGAN, malade imaginaire.
BÉLINE, seconde femme d'Argan.
ANGÉLIQUE, fille d'Argan, et amante de Cléante.
LOUISON, petite fille d'Argan, et sœur d'Angélique.
BÉRALDE, frère d'Argan.
CLÉANTE, amant d'Angélique.
MONSIEUR DIAFOIRUS, médecin.
THOMAS DIAFOIRUS, son fils, et amant d'Angélique.
MONSIEUR PURGON, médecin d'Argan.
MONSIEUR FLEURANT, apothicaire.
MONSIEUR BONNEFOY, notaire.
TOINETTE, servante.

La scène est à Paris.

ACTE PREMIER

SCÈNE PREMIÈRE

ARGAN, *seul dans sa chambre, assis, une table devant lui, compte des parties d'apothicaire avec des jetons; il fait, parlant à lui-même, les dialogues suivants :*

Trois et deux font cinq, et cinq font dix, et dix font vingt. Trois et deux font cinq. « Plus, du vingt-quatrième, un petit clystère insinuatif, préparatif, et remollient, pour amollir, humecter et rafraîchir les entrailles de Monsieur. » Ce qui me plaît de monsieur Fleurant, mon apothicaire, c'est que ses parties sont toujours fort civiles: « Les entrailles de Monsieur, trente sols. » Oui; mais, Monsieur Fleurant, ce n'est pas tout que d'être civil, il faut être aussi raisonnable, et ne pas écorcher les malades. Trente sols un lavement ! je suis votre serviteur, je vous l'ai déjà dit. Vous ne me les avez mis dans les autres parties qu'à vingt sols, et vingt sols en langage d'apothicaire, c'est-à-dire dix sols; les voilà, dix sols. « Plus, dudit jour, un bon clystère détersif, composé avec catholicon double, rhubarbe, miel rosat, et autres, suivant l'ordonnance, pour balayer, laver, et nettoyer le bas-ventre de Monsieur, trente sols. » Avec votre permission, dix sols. « Plus, dudit jour, le soir, un julep hépatique, soporatif, et somnifère, composé pour faire dormir Monsieur, trente-cinq sols. » Je ne me plains pas de celui-là, car il me fit bien dormir. Dix, quinze, seize et dix-sept sols, six deniers. « Plus, du vingt-cinquième, une bonne médecine purgative et corroborative, composée de casse récente avec séné levantin, et autres, suivant l'ordonnance de monsieur Purgon, pour expulser et évacuer la bile de Monsieur, quatre livres. » Ah ! Monsieur Fleurant, c'est se moquer; il faut vivre avec les malades. Monsieur Purgon ne vous a pas ordonné de mettre quatre francs. Mettez, mettez trois livres, s'il vous plaît. Vingt et trente sols. « Plus, dudit jour, une potion anodine, et astringente, pour faire reposer Monsieur, trente sols. » Bon, dix et quinze sols. « Plus, du vingt-sixième, un clystère carminatif pour chasser les vents de Monsieur, trente sols. » Dix sols, Monsieur Fleurant. « Plus le clystère de Monsieur réitéré le soir, comme dessus, trente sols. » Monsieur Fleurant, dix sols. « Plus, du vingt-septième, une bonne médecine composée pour hâter d'aller, et chasser dehors les mauvaises humeurs de Monsieur, trois livres. » Bon, vingt et trente sols; je suis bien aise que vous soyez raisonnable. « Plus, du vingt-huitième, une prise de petit-lait clarifié, et dulcoré, pour adoucir, lénifier, tempérer, et rafraîchir le sang de Monsieur, vingt sols. » Bon, dix sols. « Plus une potion cordiale et préservative, composée avec douze grains de bézoard, sirops de limon et grenade, et autres, suivant l'ordonnance, cinq livres. » Ah ! Monsieur Fleurant, tout doux, s'il vous plaît; si vous en usez comme cela, on ne voudra plus être malade: contentez-vous de quatre francs. Vingt et quarante sols. Trois et deux font cinq, et cinq font dix, et dix font vingt. Soixante et trois livres, quatre sols, six deniers. Si bien donc que, de ce mois, j'ai pris une, deux, trois, quatre, cinq, six, sept, et huit médecines; et un, deux, trois, quatre, cinq, six, sept, huit, neuf, dix, onze, et douze lavements; et, l'autre mois, il y avoit douze médecines, et vingt lavements. Je ne m'étonne pas si je ne me porte pas si bien ce mois-ci que l'autre. Je le dirai à monsieur Purgon, afin qu'il mette ordre à cela. Allons, qu'on m'ôte tout ceci. Il n'y a personne. J'ai beau dire, on me laisse toujours seul ; il n'y a pas moyen de les arrêter ici. (*Il sonne une sonnette pour faire venir ses gens.*) Ils n'entendent point, et ma sonnette ne fait pas assez de bruit. Drelin, drelin, drelin : point d'affaire. Drelin, drelin, drelin : ils sont sourds... Toinette ! Drelin, drelin, drelin. Tout comme si je ne sonnais point. Chienne ! coquine ! Drelin, drelin, drelin ; j'enrage ! (*Il ne sonne plus, mais il crie.*) Drelin, drelin, drelin. Carogne, à tous les diables ! Est-il possible qu'on laisse comme cela un pauvre malade tout seul ? Drelin, drelin, drelin : voilà qui est pitoyable ! Drelin, drelin, drelin. Ah ! mon Dieu, ils me laisseront ici mourir. Drelin, drelin, drelin !

SCÈNE II

TOINETTE, ARGAN.

TOINETTE, *en entrant dans la chambre.*

On y va.

ARGAN.

Ah ! chienne ! ah ! carogne !...

TOINETTE, *faisant semblant de s'être cogné la tête.*

Diantre soit fait de votre impatience ! Vou

pressez si fort les personnes, que je me suis donné un grand coup de la tête contre la carne d'un volet.

ARGAN, *en colère.*

Ah ! traîtresse...

TOINETTE, *pour l'interrompre et l'empêcher de crier, se plaint toujours en disant :*

Ha !

ARGAN.

Il y a...

TOINETTE.

Ha!

ARGAN.

Il y a une heure...

TOINETTE.

Ha !

ARGAN.

Tu m'as laissé...

TOINETTE.

Ha !

ARGAN.

Tais-toi donc, coquine, que je te querelle.

TOINETTE.

Çamon, ma foi ! j'en suis d'avis, après ce que je me suis fait.

ARGAN.

Tu m'as fait égosiller, carogne !

TOINETTE.

Et vous m'avez fait, vous, casser la tête ; l'un

vaut bien l'autre. Quitte à quitte, si vous voulez.

ARGAN.

Quoi! coquine...

TOINETTE.

Si vous querellez, je pleurerai.

ARGAN.

Me laisser, traitresse...

TOINETTE, *toujours pour l'interrompre.*

Ha!

ARGAN.

Chienne! tu veux...

TOINETTE.

Ha!

ARGAN.

Quoi! il faudra encore que je n'aye pas le plaisir de la quereller?

TOINETTE.

Querellez tout votre soûl, je le veux bien.

ARGAN.

Tu m'en empêches, chienne, en m'interrompant à tous coups.

TOINETTE.

Si vous avez le plaisir de quereller, il faut bien que, de mon côté, j'aye le plaisir de pleurer : chacun le sien, ce n'est pas trop. Ha!

ARGAN.

Allons, il faut en passer par là. Ote-moi ceci,

coquine, ôte-moi ceci. (*Argan se lève de sa chaise.*) Mon lavement d'aujourd'hui a-t-il bien opéré?

TOINETTE.

Votre lavement?

ARGAN.

Oui. Ai-je bien fait de la bile?

TOINETTE.

Ma foi, je ne me mêle point de ces affaires-là; c'est à monsieur Fleurant à y mettre le nez, puisqu'il en a le profit.

ARGAN.

Qu'on ait soin de me tenir un bouillon prêt, pour l'autre que je dois tantôt prendre.

TOINETTE.

Ce monsieur Fleurant-là et ce monsieur Purgon s'égayent bien sur votre corps; ils ont en vous une bonne vache à lait; et je voudrois bien leur demander quel mal vous avez, pour vous faire tant de remèdes.

ARGAN.

Taisez-vous, ignorante; ce n'est pas à vous à contrôler les ordonnances de la médecine. Qu'on me fasse venir ma fille Angélique, j'ai à lui dire quelque chose.

TOINETTE.

La voici qui vient d'elle-même; elle a deviné votre pensée.

SCENE III

ANGÉLIQUE, TOINETTE, ARGAN.

ARGAN.

Approchez, Angélique; vous venez à propos : je voulois vous parler.

ANGÉLIQUE.

Me voilà prête à vous oüir.

ARGAN, *courant au bassin.*

Attendez. Donnez-moi mon bâton. Je vais revenir tout à l'heure.

TOINETTE, *en le raillant.*

Allez vite, Monsieur, allez. Monsieur Fleurant nous donne des affaires.

SCÈNE IV

ANGÉLIQUE, TOINETTE.

ANGÉLIQUE, *la regardant d'un œil languissant, lui dit confidemment :*

Toinette.

TOINETTE.

Quoi ?

ANGÉLIQUE.

Regarde-moi un peu.

TOINETTE.

Hé bien! je vous regarde.

ANGÉLIQUE.

Toinette!

TOINETTE.

Hé bien, quoi, « Toinette » ?

ANGÉLIQUE.

Ne devines-tu point de quoi je veux parler?

TOINETTE.

Je m'en doute assez : de notre jeune amant; car c'est sur lui, depuis six jours, que roulent tous nos entretiens; et vous n'êtes point bien si vous n'en parlez à toute heure.

ANGÉLIQUE.

Puisque tu connois cela, que n'es-tu donc la première à m'en entretenir, et que ne m'épargnes-tu la peine de te jeter sur ce discours?

TOINETTE.

Vous ne m'en donnez pas le temps, et vous avez des soins là-dessus qu'il est difficile de prévenir.

ANGÉLIQUE.

Je t'avoue que je ne saurois me lasser de te parler de lui, et que mon cœur profite avec chaleur de tous les moments de s'ouvrir à toi. Mais, dis-moi, condamnes-tu, Toinette, les sentiments que j'ai pour lui?

TOINETTE.

Je n'ai garde.

ANGÉLIQUE.

Ai-je tort de m'abandonner à ces douces impressions ?

TOINETTE.

Je ne dis pas cela.

ANGÉLIQUE.

Et voudrois-tu que je fusse insensible aux tendres protestations de cette passion ardente qu'il témoigne pour moi ?

TOINETTE.

A Dieu ne plaise !

ANGÉLIQUE.

Dis-moi un peu, ne trouves-tu pas, comme moi, quelque chose du Ciel, quelque effet du destin, dans l'aventure inopinée de notre connaissance ?

TOINETTE.

Oui.

ANGÉLIQUE.

Ne trouves-tu pas que cette action d'embrasser ma défense sans me connoître est tout à fait d'un honnête homme ?

TOINETTE.

Oui.

ANGÉLIQUE.

Que l'on ne peut pas en user plus généreusement ?

TOINETTE.

D'accord.

ANGÉLIQUE.

Et qu'il fit tout cela de la meilleure grâce du monde ?

TOINETTE.

Oh ! oui.

ANGÉLIQUE.

Ne trouves-tu pas, Toinette, qu'il est bien fait de sa personne ?

TOINETTE.

Assurément.

ANGÉLIQUE.

Qu'il a l'air le meilleur du monde ?

TOINETTE.

Sans doute.

ANGÉLIQUE.

Que ses discours, comme ses actions, ont quelque chose de noble ?

TOINETTE.

Cela est sûr.

ANGÉLIQUE.

Qu'on ne peut rien entendre de plus passionné que tout ce qu'il me dit ?

TOINETTE.

Il est vrai.

ANGÉLIQUE.

Et qu'il n'est rien de plus fâcheux que la contrainte où l'on me tient, qui bouche tout commerce aux doux empressements de cette mutuelle ardeur que le Ciel nous inspire ?

TOINETTE.

Vous avez raison.

ANGÉLIQUE.

Mais, ma pauvre Toinette, crois-tu qu'il m'aime autant qu'il me le dit ?

TOINETTE.

Eh, eh ! ces choses-là, parfois, sont un peu sujettes à caution. Les grimaces d'amour ressemblent fort à la vérité ; et j'ai vu de grands comédiens là-dessus.

ANGÉLIQUE.

Ah ! Toinette, que dis-tu là ? Hélas ! de la façon qu'il parle, seroit-il bien possible qu'il ne me dît pas vrai ?

TOINETTE.

En tout cas, vous en serez bientôt éclaircie ; et la résolution où il vous écrivit hier qu'il étoit de vous faire demander en mariage est une prompte voie à vous faire connoître s'il vous dit vrai, ou non : c'en sera là la bonne preuve.

ANGÉLIQUE.

Ah ! Toinette, si celui-là me trompe, je ne croirai de ma vie aucun homme.

TOINETTE.

Voilà votre père qui revient.

SCÈNE V

ARGAN, ANGÉLIQUE, TOINETTE.

ARGAN *se met dans sa chaise.*

O çà, ma fille, je vais vous dire une nouvelle, où peut-être ne vous attendez-vous pas. On vous demande en mariage. Qu'est-ce que cela? vous riez. Cela est plaisant, oui, ce mot de mariage; il n'y a rien de plus drôle pour les jeunes filles. Ah! nature, nature! A ce que je puis voir, ma fille, je n'ai que faire de vous demander si vous voulez bien vous marier.

ANGÉLIQUE.

Je dois faire, mon père, tout ce qu'il vous plaira de m'ordonner.

ARGAN.

Je suis bien aise d'avoir une fille si obéissante. La chose est donc conclue, et je vous ai promise.

ANGÉLIQUE.

C'est à moi, mon père, de suivre aveuglément toutes vos volontés.

ARGAN.

Ma femme, votre belle-mère, avoit envie que je vous fisse religieuse, et votre petite sœur Louison aussi ; et de tout temps elle a été aheurtée à cela.

TOINETTE, *tout bas.*

La bonne bête a ses raisons.

ARGAN.

Elle ne vouloit point consentir à ce mariage ; mais je l'ai emporté, et ma parole est donnée.

ANGÉLIQUE.

Ah ! mon père, que je vous suis obligée de toutes vos bontés !

TOINETTE, [*à Argan*].

En vérité, je vous sais bon gré de cela, et voilà l'action la plus sage que vous ayez faite de votre vie.

ARGAN.

Je n'ai point encore vu la personne ; mais on m'a dit que j'en serois content, et toi aussi.

ANGÉLIQUE.

Assurément, mon père.

ARGAN.

Comment ! l'as-tu vu ?

ANGÉLIQUE.

Puisque votre consentement m'autorise à vous ouvrir mon cœur, je ne feindrai point de vous dire que le hasard nous a fait connoître il y a six jours, et que la demande qu'on vous a faite est un effet de l'inclination que, dès cette première vue, nous avons prise l'un pour l'autre.

ARGAN.

Ils ne m'ont pas dit cela ; mais j'en suis bien aise, et c'est tant mieux que les choses soient de la sorte. Ils disent que c'est un grand jeune garçon bien fait.

ANGÉLIQUE.

Oui, mon père.

ARGAN.

De belle taille.

ANGÉLIQUE.

Sans doute.

ARGAN.

Agréable de sa personne.

ANGÉLIQUE.

Assurément.

ARGAN.

De bonne physionomie.

ANGÉLIQUE.

Très bonne.

ARGAN.

Sage et bien né.

ANGÉLIQUE.

Tout à fait.

ARGAN.

Fort honnête.

ANGÉLIQUE.

Le plus honnête du monde.

ARGAN.

Qui parle bien latin, et grec.

ANGÉLIQUE.

C'est ce que je ne sais pas.

ARGAN.

Et qui sera reçu médecin dans trois jours.

ANGÉLIQUE.

Lui, mon père ?

ARGAN.

Oui. Est-ce qu'il ne te l'a pas dit ?

ANGÉLIQUE.

Non, vraiment. Qui vous l'a dit, à vous ?

ARGAN.

Monsieur Purgon.

ANGÉLIQUE.

Est-ce que monsieur Purgon le connoît ?

ARGAN.

La belle demande ! Il faut bien qu'il le connoisse, puisque c'est son neveu.

ANGÉLIQUE.

Cléante, neveu de monsieur Purgon ?

ARGAN.

Quel Cléante ? Nous parlons de celui pour qui l'on t'a demandée en mariage.

ANGÉLIQUE.

Hé ! oui.

ARGAN.

Hé bien ! c'est le neveu de monsieur Purgon,

qui est le fils de son beau-frère le médecin, monsieur Diafoirus ; et ce fils s'appelle Thomas Diafoirus, et non pas Cléante ; et nous avons conclu ce mariage-là ce matin, monsieur Purgon, monsieur Fleurant et moi, et, demain, ce gendre prétendu doit m'être amené par son père. Qu'est-ce ? Vous voilà toute ébaubie !

ANGÉLIQUE.

C'est, mon père, que je connois que vous avez parlé d'une personne, et que j'ai entendu une autre.

TOINETTE.

Quoi ! Monsieur, vous auriez fait ce dessein burlesque ? et, avec tout le bien que vous avez, vous voudriez marier votre fille avec un médecin ?

ARGAN.

Oui. De quoi te mêles-tu, coquine, impudente que tu es ?

TOINETTE.

Mon Dieu ! tout doux. Vous allez d'abord aux invectives. Est-ce que nous ne pouvons pas raisonner ensemble sans nous emporter ? Là, parlons de sang-froid. Quelle est votre raison, s'il vous plait, pour un tel mariage ?

ARGAN.

Ma raison est que, me voyant infirme et malade comme je suis, je veux me faire un gendre et des alliés médecins, afin de m'appuyer de bons secours contre ma maladie, d'avoir dans ma famille les sources des remèdes qui me sont nécessaires, et d'être à même des consultations et des ordonnances.

TOINETTE.

Hé bien ! voilà dire une raison, et il y a plaisir à se répondre doucement les uns aux autres. Mais, Monsieur, mettez la main à la conscience : est-ce que vous êtes malade ?

ARGAN.

Comment, coquine ! si je suis malade ? si je suis malade, impudente !

TOINETTE.

Hé bien, oui, Monsieur, vous êtes malade ; n'ayons point de querelle là-dessus. Oui, vous êtes fort malade, j'en demeure d'accord, et plus malade que vous ne pensez : voilà qui est fait. Mais votre fille doit épouser un mari pour elle, et, n'étant point malade, il n'est pas nécessaire de lui donner un médecin.

ARGAN.

C'est pour moi que je lui donne ce médecin ; et une fille de bon naturel doit être ravie d'épouser ce qui est utile à la santé de son père.

TOINETTE.

Ma foi, Monsieur, voulez-vous qu'en amie je vous donne un conseil ?

ARGAN.

Quel est-il ce conseil ?

TOINETTE.

De ne point songer à ce mariage-là.

ARGAN.

Hé la raison ?

TOINETTE.

La raison? c'est que votre fille n'y consentira point.

ARGAN.

Elle n'y consentira point ?

TOINETTE.

Non.

ARGAN.

Ma fille ?

TOINETTE.

Votre fille. Elle vous dira qu'elle n'a que faire de monsieur Diafoirus, ni de son fils Thomas Diafoirus, ni de tous les Diafoirus du monde.

ARGAN.

J'en ai affaire, moi, outre que le parti est plus avantageux qu'on ne pense : monsieur Diafoirus n'a que ce fils-là pour tout héritier ; et, de plus, monsieur Purgon, qui n'a ni femme ni enfants, lui donne tout son bien en faveur de ce mariage : et monsieur Purgon est un homme qui a huit mille bonnes livres de rente.

TOINETTE.

Il faut qu'il ait tué bien des gens, pour s'être fait si riche.

ARGAN.

Huit mille livres de rente sont quelque chose, sans compter le bien du père.

TOINETTE.

Monsieur, tout cela est bel et bon ; mais j'en reviens toujours là : je vous conseille, entre nous, de lui choisir un autre mari, et elle n'est point faite pour être madame Diafoirus.

ARGAN.

Et je veux, moi, que cela soit.

TOINETTE.

Eh ! fi ! ne dites pas cela.

ARGAN.

Comment ! que je ne dise pas cela ?

TOINETTE.

Hé ! non.

ARGAN.

Et pourquoi ne le dirai-je pas ?

TOINETTE.

On dira que vous ne songez pas à ce que vous dites.

ARGAN.

On dira ce qu'on voudra ; mais je vous dis que je veux qu'elle exécute la parole que j'ai donnée.

TOINETTE.

Non, je suis sûre qu'elle ne le fera pas.

ARGAN.

Je l'y forcerai bien.

TOINETTE.

Elle ne le fera pas, vous dis-je.

ARGAN.

Elle le fera, ou je la mettrai dans un couvent.

TOINETTE.

Vous ?

ARGAN.

Moi.

TOINETTE.

Bon !

ARGAN.

Comment, « bon » ?

TOINETTE.

Vous ne la mettrez point dans un couvent.

ARGAN.

Je ne la mettrai point dans un couvent ?

TOINETTE.

Non.

ARGAN.

Non ?

TOINETTE.

Non.

ARGAN.

Ouais ! voici qui est plaisant ! Je ne mettrai pas ma fille dans un couvent, si je veux ?

TOINETTE.

Non, vous dis-je.

ARGAN.

Qui m'en empêchera ?

TOINETTE.

Vous-même.

ARGAN.

Moi ?

TOINETTE.

Oui : vous n'aurez pas ce cœur-là.

ARGAN.

Je l'aurai.

TOINETTE.

Vous vous moquez.

ARGAN.

Je ne me moque point.

TOINETTE.

La tendresse paternelle vous prendra.

ARGAN.

Elle ne me prendra point.

TOINETTE.

Une petite larme ou deux, des bras jetés au cou, un « mon petit papa mignon » prononcé tendrement, sera assez pour vous toucher.

ARGAN.

Tout cela ne fera rien.

TOINETTE.

Oui, oui.

ARGAN.

Je vous dis que je n'en démordrai point.

TOINETTE.

Bagatelles.

ARGAN.

Il ne faut point dire « bagatelles ».

TOINETTE.

Mon Dieu, je vous connois, vous êtes bon naturellement.

ARGAN, *avec emportement.*

Je ne suis point bon, et je suis méchant quand je veux.

TOINETTE.

Doucement, Monsieur, vous ne songez pas que vous êtes malade.

ARGAN.

Je lui commande absolument de se préparer à prendre le mari que je dis.

TOINETTE.

Et moi, je lui défends absolument d'en faire rien.

ARGAN.

Où est-ce donc que nous sommes ? et quelle audace est-ce là à une coquine de servante de parler de la sorte devant son maître ?

TOINETTE.

Quand un maître ne songe pas à ce qu'il fait, une servante bien sensée est en droit de le redresser.

ARGAN *court après Toinette.*

Ah ! insolente, il faut que je t'assomme.

TOINETTE *se sauve de lui.*

Il est de mon devoir de m'opposer aux choses qui vous peuvent déshonorer.

ARGAN, *en colère, court après elle autour de sa chaise, son bâton à la main.*

Viens, viens, que je t'apprenne à parler.

TOINETTE, *courant et se sauvant du côté de la chaise où n'est pas Argan.*

Je m'intéresse, comme je dois, à ne vous point laisser faire de folie.

ARGAN.

Chienne !

TOINETTE.

Non, je ne consentirai jamais à ce mariage.

ARGAN.

Pendarde !

TOINETTE.

Je ne veux point qu'elle épouse votre Thomas Diafoirus.

ARGAN.

Carogne !

TOINETTE.

Et elle m'obéira plutôt qu'à vous.

ARGAN.

Angélique, tu ne veux pas m'arrêter cette coquine-là ?

ANGÉLIQUE.

Eh ! mon père, ne vous faites point malade.

ARGAN.

Si tu ne me l'arrêtes, je te donnerai ma malédiction.

TOINETTE.

Et moi, je la déshériterai, si elle vous obéit.

ARGAN *se jette dans sa chaise, étant las de courir après elle.*

Ah ! ah ! je n'en puis plus. Voilà pour me faire mourir.

SCÈNE VI

BÉLINE, ANGÉLIQUE, TOINETTE, ARGAN.

ARGAN.

Ah ! ma femme, approchez.

BÉLINE.

Qu'avez-vous, mon pauvre mari ?

ARGAN.

Venez-vous-en ici à mon secours.

BÉLINE.

Qu'est-ce que c'est donc qu'il y a, mon petit fils ?

ARGAN.

Mamie.

BÉLINE.

Mon ami.

ARGAN.

On vient de me mettre en colère !

BÉLINE.

Hélas! pauvre petit mari ! Comment donc, mon ami ?

ARGAN.

Votre coquine de Toinette est devenue plus insolente que jamais.

BÉLINE.

Ne vous passionnez donc point.

ARGAN.

Elle m'a fait enrager, mamie.

BÉLINE.

Doucement, mon fils.

ARGAN.

Elle a contrecarré, une heure durant, les choses que je veux faire.

BÉLINE.

Là, là, tout doux !

ARGAN.

Et a eu l'effronterie de me dire que je ne suis point malade.

BÉLINE.

C'est une impertinente.

ARGAN.

Vous savez, mon cœur, ce qui en est.

BÉLINE.

Oui, mon cœur, elle a tort.

ARGAN.

Mamour, cette coquine-là me ſera mourir.

BÉLINE.

Eh là ! eh là !

ARGAN.

Elle est cause de toute la bile que je ſais.

BÉLINE.

Ne vous ſâchez point tant.

ARGAN.

Et il y a je ne sais combien que je vous dis de me la chasser.

BÉLINE.

Mon Dieu! mon fils, il n'y a point de serviteurs et de servantes qui n'ayent leurs déſauts. On est contraint parfois de souffrir leurs mauvaises qualités à cause des bonnes. Celle-ci est adroite, soigneuse, diligente, et surtout fidèle ; et vous savez qu'il faut maintenant de grandes précautions pour les gens que l'on prend. Holà ! Toinette !

TOINETTE.

Madame.

BÉLINE.

Pourquoi donc est-ce que vous mettez mon mari en colère?

TOINETTE, *d'un ton doucereux*.

Moi, Madame? Hélas ! je ne sais pas ce que

vous me voulez dire, et je ne songe qu'à complaire à Monsieur en toutes choses.

ARGAN.

Ah ! la traitresse !

TOINETTE.

Il nous a dit qu'il vouloit donner sa fille en mariage au fils de Monsieur Diafoirus : je lui ai répondu que je trouvois le parti avantageux pour elle, mais que je croyois qu'il feroit mieux de la mettre dans un couvent.

BÉLINE.

Il n'y a pas grand mal à cela, et je trouve qu'elle a raison.

ARGAN.

Ah ! mamour, vous la croyez ! C'est une scélérate ; elle m'a dit cent insolences.

BÉLINE.

Hé bien, je vous crois, mon ami. Là, remettez-vous. Ecoutez, Toinette : si vous fâchez jamais mon mari, je vous mettrai dehors. Çà, donnez-moi son manteau fourré, et des oreillers, que je l'accommode dans sa chaise. Vous voilà je ne sais comment. Enfoncez bien votre bonnet jusque sur vos oreilles ; il n'y a rien qui enrhume tant que de prendre l'air par les oreilles.

ARGAN.

Ah ! mamie, que je vous suis obligé de tous les soins que vous prenez de moi !

BÉLINE, *accommodant les oreillers qu'elle met autour d'Argan.*

Levez-vous, que je mette ceci sous vous. Mettons celui-ci pour vous appuyer, et celui-là de l'autre côté. Mettons celui-ci derrière votre dos, et cet autre-là pour soutenir votre tête.

TOINETTE, *lui mettant rudement un oreiller sur la tête, et puis fuyant.*

Et celui-ci pour vous garder du serein.

ARGAN *se lève en colère, et jette tous les oreillers à Toinette.*

Ah! coquine, tu veux m'étouffer.

BÉLINE.

Eh là! eh là! Qu'est-ce que c'est donc?

ARGAN, *tout essoufflé, se jette dans sa chaise.*

Ah! ah! ah! je n'en puis plus.

BÉLINE.

Pourquoi vous emporter ainsi? Elle a cru faire bien.

ARGAN.

Vous ne connaissez pas, mamour, la malice de la pendarde. Ah! elle m'a mis tout hors de moi; et il faudra plus de huit médecines, et de douze lavements, pour réparer tout ceci.

BÉLINE.

Là, là, mon petit ami, apaisez-vous un peu.

ARGAN.

Mamie, vous êtes toute ma consolation.

BÉLINE.

Pauvre petit fils !

ARGAN.

Pour tâcher de reconnaître l'amour que vous me portez, je veux, mon cœur, comme je vous ai dit, faire mon testament.

BÉLINE.

Ah ! mon ami, ne parlons point de cela, je vous prie ; je ne saurois souffrir cette pensée, et le seul mot de testament me fait tressaillir de douleur.

ARGAN.

Je vous avois dit de parler pour celà à votre notaire.

BÉLINE.

Le voilà là dedans, que j'ai amené avec moi.

ARGAN.

Faites-le donc entrer, mamour.

BÉLINE.

Hélas ! mon ami, quand on aime bien un mari, on n'est guère en état de songer à tout cela.

SCÈNE VII

LE NOTAIRE, BÉLINE, ARGAN.

ARGAN.

Approchez, Monsieur de Bonnefoy, approchez.

Prenez un siège, s'il vous plaît. Ma femme m'a dit, Monsieur, que vous étiez fort honnête homme, et tout à fait de ses amis; et je l'ai chargée de vous parler pour un testament que je veux faire.

BÉLINE.

Hélas! je ne suis point capable de parler de ces choses-là.

LE NOTAIRE.

Elle m'a, Monsieur, expliqué vos intentions, et le dessein où vous êtes pour elle; et j'ai à vous dire là-dessus que vous ne sauriez rien donner à votre femme par votre testament.

ARGAN.

Mais pourquoi?

LE NOTAIRE.

La Coutume y résiste. [Si vous étiez en pays de droit écrit, cela se pourroit faire; mais, à Paris, et dans les pays coutumiers, au moins dans la plupart, c'est ce qui ne se peut, et la disposition seroit nulle.] Tout l'avantage qu'homme et femme conjoints par mariage se peuvent faire l'un à l'autre, c'est un don mutuel entre-vifs; encore faut-il qu'il n'y ait enfants, soit des deux conjoints, ou de l'un d'eux, lors du décès du premier mourant.

ARGAN.

Voilà une Coutume bien impertinente, qu'un

mari ne puisse rien laisser à une femme dont il est aimé tendrement, et qui prend de lui tant de soin ! J'aurois envie de consulter mon avocat, pour voir comment je pourrois faire.

LE NOTAIRE.

Ce n'est point à des avocats qu'il faut aller, car ils sont d'ordinaire sévères là-dessus, [et s'imaginent que c'est un grand crime que de disposer en fraude de la loi. Ce sont gens de difficultés, et qui sont ignorants des détours de la conscience.] Il y a d'autres personnes à consulter, qui sont bien plus accommodantes, qui ont des expédients pour passer doucement par-dessus la loi, et rendre juste ce qui n'est pas permis ; [qui savent aplanir les difficultés d'une affaire et trouver des moyens d'éluder la Coutume par quelque avantage indirect.] Sans cela, où en serions-nous tous les jours ? Il faut de la facilité dans les choses ; autrement nous ne ferions rien, et je ne donnerois pas un sou de notre métier.

ARGAN.

Ma femme m'avoit bien dit, Monsieur, que vous étiez fort habile, et fort honnête homme. Comment puis-je faire, s'il vous plaît, pour lui donner mon bien, et en frustrer mes enfants ?

LE NOTAIRE.

Comment vous pouvez faire ? Vous pouvez

choisir doucement un ami intime de votre femme, auquel vous donnerez en bonne forme par votre testament tout ce que vous pouvez ; et cet ami ensuite lui rendra tout. Vous pouvez encore [contracter un grand nombre d'obligations, non suspectes, au profit de divers créanciers, qui prêteront leur nom à votre femme, et entre les mains de laquelle ils mettront leur déclaration que ce qu'ils en ont fait n'a été que pour lui faire plaisir. Vous pouvez aussi,] pendant que vous êtes en vie, mettre entre ses mains de l'argent comptant, ou des billets que vous pourrez avoir, payables au porteur.

BÉLINE.

Mon Dieu ! il ne faut point vous tourmenter de tout cela. S'il vient faute de vous, mon fils, je ne veux plus rester au monde.

ARGAN.

Mamie !

BÉLINE.

Oui, mon ami, si je suis assez malheureuse pour vous perdre...

ARGAN.

Ma chère femme !

BÉLINE.

La vie ne me sera plus de rien.

ARGAN.

Mamour !

BÉLINE.

Et je suivrai vos pas, pour vous faire connoître la tendresse que j'ai pour vous.

ARGAN.

Mamie, vous me fendez le cœur. Consolez-vous, je vous en prie.

LE NOTAIRE, [*à Béline*].

Ces larmes sont hors de saison, et les choses n'en sont point encore là.

BÉLINE.

Ah ! Monsieur, vous ne savez pas ce que c'est qu'un mari qu'on aime tendrement.

ARGAN.

Tout le regret que j'aurai, si je meurs, mamie, c'est de n'avoir point un enfant de vous. Monsieur Purgon m'avoit dit qu'il m'en feroit faire un.

LE NOTAIRE.

Cela pourra venir encore.

ARGAN.

Il faut faire mon testament, mamour, de la façon que monsieur dit; mais, par précaution, je veux vous mettre entre les mains vingt mille francs en or, que j'ai dans le lambris de mon alcôve, et deux billets payables au porteur, qui me sont dûs, l'un par monsieur Damon, et l'autre par monsieur Gérante.

BÉLINE.

Non, non, je ne veux point de tout cela. Ah! Combien dites-vous qu'il y a dans votre alcôve?

ARGAN.

Vingt mille francs, mamour.

BÉLINE.

Ne me parlez point de bien, je vous prie. Ah! De combien sont les deux billets?

ARGAN.

Ils sont, mamie, l'un de quatre mille francs, et l'autre de six.

BÉLINE.

Tous les biens du monde, mon ami, ne me sont rien au prix de vous.

LE NOTAIRE, [*à Argan*].

Voulez-vous que nous procédions au testament?

ARGAN.

Oui, Monsieur; mais nous serons mieux dans mon petit cabinet. Mamour, conduisez-moi, je vous prie.

BÉLINE.

Allons, mon pauvre petit fils.

SCÈNE VIII

ANGÉLIQUE, TOINETTE.

TOINETTE.

[Les voilà avec un notaire, et j'ai ouï parler de testament. Votre belle-mère ne s'endort point, et c'est sans doute quelque conspiration contre vos intérêts où elle pousse votre père.

ANGÉLIQUE.

Qu'il dispose de son bien à sa fantaisie, pourvu qu'il ne dispose point de mon cœur. Tu vois, Toinette, les desseins violents que l'on fait sur lui. Ne m'abandonne point, je te prie, dans l'extrémité où je suis.

TOINETTE.

Moi, vous abandonner? j'aimerois mieux mourir. Votre belle-mère a beau me faire sa confidente, et me vouloir jeter dans ses intérêts, je n'ai jamais pû avoir d'inclination pour elle, et j'ai toujours été de votre parti. Laissez-moi faire, j'emploierai toute chose pour vous servir; mais, pour vous servir avec plus d'effet, je veux changer de batterie, couvrir le zèle que j'ai pour vous, et feindre d'entrer dans les sentiments de votre père et de votre belle-mère.

ANGÉLIQUE.

Tâche, je t'en conjure, de faire donner avis à Cléante du mariage qu'on a conclu.

TOINETTE.

Je n'ai personne à employer à cet office, que le vieux usurier Polichinelle, mon amant, et il m'en coûtera pour cela quelques paroles de douceur, que je veux bien dépenser pour vous. Pour aujourd'hui il est trop tard; mais demain, du grand matin, je l'envoierai quérir, et il sera ravi de...

BÉLINE.

Toinette!

TOINETTE.

Voilà qu'on m'appelle. Bonsoir. Reposez-vous sur moi.]

(Le théâtre change, et représente une ville.)

PREMIER INTERMÈDE

Polichinelle, dans la nuit, vient pour donner une sérénade à sa maîtresse. Il est interrompu d'abord par des violons, contre lesquels il se met en colère, et ensuite par le guet, composé de musiciens et de danseurs.

POLICHINELLE.

O AMOUR, amour, amour, amour! Pauvre Polichinelle, quelle diable de fantaisie t'es-tu allé mettre dans la cervelle? A quoi t'amuses-tu, misérable insensé que tu es? Tu quittes le soin de ton négoce, et tu laisses aller tes affaires à l'abandon. Tu ne manges plus, tu ne bois presque plus, tu perds le repos de la nuit, et tout cela pour qui? Pour une dragonne, franche dragonne; une diablesse qui te rembarre, et se moque de tout ce que tu peux lui dire. Mais il n'y a point à raisonner là-dessus. Tu le veux, amour : il faut être fou comme beaucoup d'autres. Cela n'est pas le mieux du monde à un homme de mon âge; mais qu'y faire? On n'est pas sage quand on veut, et les vieilles cervelles se démontent comme les jeunes.

Je viens voir si je ne pourrai point adoucir ma tigresse par une sérénade. Il n'y a rien parfois qui soit si touchant qu'un amant qui vient chanter ses doléances aux gonds et aux verroux de la porte de sa maîtresse. Voici de quoi accompagner ma voix. O nuit! ô chère nuit! porte mes plaintes amoureuses jusque dans le lit de mon inflexible.

(Il chante ces paroles.)

Notte e dì v' amo e v' adoro,
Cerco un sì per mio ristoro;
Ma se voi dite di no,
Bell' ingrata, io morirò.

Fra la speranza
S'affligge il cuore,
In lontananza
Consuma l' hore;
Sì dolce inganno
Che mi figura
Breve l'affanno,
Ahi! troppo dura!
Così per tropp' amar languisco e muoro.

Notte e dì v' amo e v' adoro,
Cerco un sì per mio ristoro ;
Ma se voi dite di no,
Bell' ingrata, io morirò.

ꟾ

Se non dormite,
Almen pensate
Alle ferite
Ch'al cuor mi fate ;
Deh ! almen fingete,
Per mio conforto,
Se m' uccidete,
D' haver il torto :
Vostra pietà mi scemerà il martoro.

Notte e dì v' amo e v'adoro,
Cerco un sì per mio ristoro ;
Ma se voi dite di no,
Bell' ingrata, io morirò.

Une vieille se présente à la fenêtre, et répond au signor Polichinelle en se moquant de lui :

Zerbinetti, ch' ogn' hor con finti sguardi,
Mentiti desiri,
Fallaci sospiri,
Accenti bugiardi,

Di fede vi pregiate,
Ah! che non m' ingannate,
Che già so per prova,
Ch' in voi non si trova
Constanza ne fede :
Oh! quanto è pazza colei che vi crede!

Quei sguardi languidi
Non m'innamorano,
Quei sospir fervidi
Più non m'infiammano ;
Vel giuro a fè.
Zerbino misero,
Del vostro piangere
Il mio cor libero
Vuol sempre ridere,
Credet' a me :
Che già so per prova
Ch' in voi non si trova
Costanza ne fede :
Oh! quanto è pazza colei que vi crede!

(Violons.)

POLICHINELLE.

Quelle impertinente harmonie vient interrompre ici ma voix ?

(Violons.)

POLICHINELLE.

Paix là ! taisez-vous, violons. Laissez-moi me plaindre à mon aise des cruautés de mon inexorable.

(Violons.)

POLICHINELLE.

Taisez-vous, vous dis-je ! C'est moi qui veux chanter.

(Violons.)

POLICHINELLE.

Paix donc !

(Violons.)

POLICHINELLE.

Ouais !

(Violons.)

POLICHINELLE.

Ahi !

(Violons.)

POLICHINELLE.

Est-ce pour rire ?

(Violons.)

POLICHINELLE.

Ah ! que de bruit !

(Violons.)

POLICHINELLE.

Le diable vous emporte !

(Violons.)

POLICHINELLE.

J'enrage.

(Violons.)

POLICHINELLE.

Vous ne vous tairez pas? Ah ! Dieu soit loué !

(Violons.)

POLICHINELLE.

Encore ?

(Violons.)

POLICHINELLE.

Peste des violons !

(Violons.)

POLICHINELLE.

La sotte musique que voilà !

(Violons.)

POLICHINELLE, [*chantant pour se moquer des violons*].

La, la, la, la, la, la.

(Violons.)

POLICHINELLE.

La, la, la, la, la, la.

(Violons.)

POLICHINELLE.

La, la, la, la, la, la, la, la.

(Violons.)

POLICHINELLE.

La, la, la, la, la.

(Violons.)

POLICHINELLE.

La, la, la, la, la, la.

(Violons.)

POLICHINELLE, [*avec un luth, dont il ne joue que des lèvres et de la langue, en disant :* plin, tan, plan, *etc.*].

Par ma foi ! cela me divertit. Poursuivez, Messieurs les violons, vous me ferez plaisir. Allons donc, continuez ; je vous en prie. Voilà le moyen de les faire taire. La musique est accoutumée à ne point faire ce qu'on veut. Ho sus, à nous ! Avant que de chanter, il faut que je prélude un peu, et joue quelque pièce, afin de mieux prendre mon ton. Plan, plan, plan. Plin, plin, plin. Voilà un temps fâcheux pour mettre un luth d'accord. Plin, plin, plin. Plin, tan, plan. Plin, plin. Les cordes ne tiennent point par ce temps-là. Plin, plan. J'entends du bruit. Mettons mon luth contre la porte.

ARCHERS, [*passant dans la rue, accourent au bruit qu'ils entendent, et demandent, en chantant*] :

Qui va là ? qui va là ?

POLICHINELLE, *tout bas.*

Qui diable est cela ? Est-ce que c'est la mode de parler en musique ?

ARCHERS.

Qui va là ? qui va là ? qui va là ?

POLICHINELLE, [*épouvanté*].

Moi, moi, moi.

ARCHERS.

Qui va là ? qui va là ? vous dis-je.

POLICHINELLE.

Moi, moi, vous dis-je.

ARCHERS.

Et qui toi ? et qui toi ?

POLICHINELLE.

Moi, moi, moi, moi, moi, moi.

ARCHERS.

Dis ton nom, dis ton nom, sans davantage attendre.

POLICHINELLE, [feignant d'être bien hardi].

Mon nom est : « Va te faire pendre. »

ARCHERS.

Ici, camarades, ici.
Saisissons l'insolent qui nous répond ainsi.

ENTRÉE DE BALLET.

Tout le guet vient, qui cherche Polichinelle dans la nuit.

(Violons et danseurs.)

POLICHINELLE.

Qui va là ?

(Violons et danseurs.)

POLICHINELLE.

Qui sont les coquins que j'entends ?

(Violons et danseurs.)

POLICHINELLE.

Euh ?

(Violons et danseurs.)

POLICHINELLE.

Holà ! mes laquais, mes gens !

(Violons et danseurs.)

POLICHINELLE.

Par la mort !

(Violons et danseurs.)

POLICHINELLE.

Par la sang !

(Violons et danseurs.)

POLICHINELLE.

J'en jetterai par terre.

(Violons et danseurs.)

POLICHINELLE.

Champagne! Poitevin! Picard! Basque! Breton!

(Violons et danseurs.)

POLICHINELLE.

Donnez-moi mon mousqueton.

(Violons et danseurs.)

POLICHINELLE [*fait semblant de tirer un coup de pistolet*].

Poue!

(Ils tombent tous et s'enfuient.)

POLICHINELLE, *en se moquant*.

Ah! ah! ah! ah! comme je leur ai donné l'épouvante! Voilà de sottes gens d'avoir peur de moi, qui ai peur des autres. Ma foi, il n'est que de jouer d'adresse en ce monde. Si je n'avois tranché du grand seigneur, et n'avois fait le brave, ils n'auroient pas manqué de me happer. Ah! ah! ah!

(Les archers se rapprochent, et, ayant entendu ce qu'il disoit, ils le saisissent au collet.)

ARCHERS.

Nous le tenons. A nous, camarades, à nous!
Dépêchez, de la lumière.

BALLET.

Tout le guet vient avec des lanternes.

ARCHERS.

Ah ! traître ! ah ! fripon ! c'est donc vous ?
Faquin ! maraud ! pendard ! impudent ! téméraire !
Insolent ! effronté ! coquin ! filou ! voleur !
Vous osez nous faire peur ?

POLICHINELLE.

Messieurs, c'est que j'étois ivre.

ARCHERS.

Non, non, non, point de raison.
Il faut vous apprendre à vivre.
En prison, vite, en prison.

POLICHINELLE.

Messieurs, je ne suis point voleur.

ARCHERS.

En prison.

POLICHINELLE.

Je suis un bourgeois de la ville.

ARCHERS.

En prison.

POLICHINELLE.

Qu'ai-je fait ?

ARCHERS.

En prison, vite, en prison.

POLICHINELLE.

Messieurs, laissez-moi aller.

ARCHERS.

Non.

POLICHINELLE.

Je vous prie.

ARCHERS.

Non.

POLICHINELLE.

Eh !

ARCHERS.

Non.

POLICHINELLE.

De grâce !

ARCHERS.

Non, non.

POLICHINELLE.

Messieurs...

ARCHERS.

Non, non, non.

POLICHINELLE.

S'il vous plaît !

ARCHERS.

Non, non.

POLICHINELLE.

Par charité !

Malade imaginaire.

ARCHERS.

Non, non.

POLICHINELLE.

Au nom du Ciel !

ARCHERS.

Non, non.

POLICHINELLE.

Miséricorde !

ARCHERS.

Non, non, non, point de raison.
Il faut vous apprendre à vivre.
En prison, vite, en prison.

POLICHINELLE.

Eh ! n'est-il rien, Messieurs, qui soit capable d'attendrir vos âmes ?

ARCHERS.

Il est aisé de nous toucher,
Et nous sommes humains plus qu'on ne sauroit croire:
Donnez-nous doucement six pistoles pour boire,
Nous allons vous lâcher.

POLICHINELLE.

Hélas ! Messieurs, je vous assure que je n'ai pas un sou sur moi.

ARCHERS.

Au défaut de six pistoles,
Choisissez donc, sans façon,
D'avoir trente croquignoles,
Ou douze coups de bâton.

POLICHINELLE.

Si c'est une nécessité, et qu'il faille en passer par là, je choisis les croquignoles.

ARCHERS.

Allons, préparez-vous,
Et comptez bien les coups.

BALLET.

Les archers danseurs lui donnent des croquignoles en cadence.

POLICHINELLE, [*pendant qu'on lui donne des croquignoles*].

Un et deux, trois et quatre, cinq et six, sept et huit, neuf et dix, onze et douze, et treize, et quatorze, et quinze.

ARCHERS.

Ah! ah! vous en voulez passer :
Allons, c'est à recommencer.

POLICHINELLE.

Ah! Messieurs, ma pauvre tête n'en peut plus, et vous venez de me la rendre comme une pomme cuite. J'aime mieux encore les coups de bâton que de recommencer.

ARCHERS.

Soit! puisque le bâton est pour vous plus charmant,
Vous aurez contentement.

BALLET.

Les archers danseurs lui donnent des coups de bâton en cadence.

POLICHINELLE, [*comptant les coups de bâton*].

Un, deux, trois, quatre, cinq, six, ah! ah! ah! je n'y saurois plus résister. Tenez, Messieurs, voilà six pistoles que je vous donne.

ARCHERS.

Ah! l'honnête homme! ah! l'âme noble et belle!
Adieu, Seigneur, adieu, Seigneur Polichinelle.

POLICHINELLE.

Messieurs, je vous donne le bon soir.

ARCHERS.

Adieu, Seigneur, adieu, Seigneur Polichinelle.

POLICHINELLE.

Votre serviteur.

ARCHERS.

Adieu, Seigneur, adieu, Seigneur Polichinelle.

POLICHINELLE.

Très humble valet.

ARCHERS.

Adieu, Seigneur, adieu, Seigneur Polichinelle.

POLICHINELLE.

Jusqu'au revoir.

BALLET.

Ils dansent tous, en réjouissance de l'argent qu'ils ont reçu.

(Le théâtre change et représente la même chambre.)

ACTE II

SCÈNE PREMIÈRE

TOINETTE, CLÉANTE.

TOINETTE, [*ne reconnaissant pas Cléante*].

QUE demandez-vous, Monsieur ?

CLÉANTE.

Ce que je demande ?

TOINETTE.

Ah ! ah ! c'est vous ? Quelle surprise ! Que venez-vous faire céans ?

CLÉANTE.

Savoir ma destinée, parler à l'aimable Angélique, consulter les sentiments de son cœur, (et lui demander ses résolutions) sur ce mariage fatal dont on m'a averti.

TOINETTE.

Oui ; mais on ne parle pas comme cela de but en blanc à Angélique ; il faut des mystères, et l'on vous a dit l'étroite garde où elle est retenue, qu'on ne la laisse ni sortir, ni parler à personne, et que ce ne fut que la curiosité d'une vieille tante qui nous fit accorder la liberté d'aller à cette comédie qui donna lieu à la naissance de votre passion ; et nous nous sommes bien gardées de parler de cette aventure.

CLÉANTE.

Aussi ne viens-je pas ici comme Cléante et sous l'apparence de son amant, mais comme ami de son maître de musique, dont j'ai obtenu le pouvoir de dire qu'il m'envoie à sa place.

TOINETTE.

Voici son père. Retirez-vous un peu, et me laissez lui dire que vous êtes là.

SCÈNE II

ARGAN, TOINETTE, CLÉANTE.

ARGAN, [*se croyant seul, et sans voir Toinette*].

Monsieur Purgon m'a dit de me promener le matin dans ma chambre, douze allées et douze venues ; mais j'ai oublié à lui demander si c'est en long, ou en large.

TOINETTE.

Monsieur, voilà un...

ARGAN.

Parle bas, pendarde ! tu viens m'ébranler tout le cerveau, et tu ne songes pas qu'il ne faut point parler si haut à des malades.

TOINETTE.

Je voulois vous dire, Monsieur...

ARGAN.

Parle bas, te dis-je.

TOINETTE.

Monsieur...

[*Elle fait semblant de parler.*]

ARGAN.

Eh ?

TOINETTE.

Je vous dis que...

[*Elle fait semblant de parler.*]

ARGAN.

Qu'est-ce que tu dis ?

TOINETTE, *haut.*

Je dis que voilà un homme qui veut parler à vous.

ARGAN.

Qu'il vienne.

[*Toinette fait signe à Cléante d'avancer.*]

CLÉANTE.

Monsieur...

TOINETTE, *raillant.*

Ne parlez pas si haut, de peur d'ébranler le cerveau de Monsieur.

CLÉANTE.

Monsieur, je suis ravi de vous trouver debout, et de voir que vous vous portez mieux.

TOINETTE, *feignant d'être en colère.*

Comment « qu'il se porte mieux »? Cela est faux. Monsieur se porte toujours mal.

CLÉANTE.

J'ai ouï dire que Monsieur étoit mieux, et je lui trouve bon visage.

TOINETTE.

Que voulez-vous dire avec votre bon visage? Monsieur l'a fort mauvais, et ce sont des impertinents qui vous ont dit qu'il étoit mieux. Il ne s'est jamais si mal porté.

ARGAN.

Elle a raison.

TOINETTE.

Il marche, dort, mange, et boit tout comme les autres; mais cela n'empêche pas qu'il ne soit fort malade.

ARGAN.

Cela est vrai.

CLÉANTE.

Monsieur, j'en suis au désespoir. Je viens de la part du maître à chanter de mademoiselle votre fille. Il s'est vu obligé d'aller à la campagne pour quelques jours; et, comme son ami intime, il m'envoie à sa place pour lui continuer ses leçons, de peur qu'en les interrompant elle ne vînt à oublier ce qu'elle sait déjà.

ARGAN.

Fort bien. [*A Toinette.*] Appelez Angélique.

TOINETTE.

Je crois, Monsieur, qu'il sera mieux de mener Monsieur à sa chambre.

ARGAN.

Non, faites-la venir.

TOINETTE.

Il ne pourra lui donner leçon comme il faut, s'ils ne sont en particulier.

ARGAN.

Si fait, si fait.

TOINETTE.

Monsieur, cela ne fera que vous étourdir, et il ne faut rien pour vous émouvoir en l'état où vous êtes, et vous ébranler le cerveau.

ARGAN.

Point, point, j'aime la musique, et je serai bien aise de. . . Ah! la voici. [*A Toinette.*] Allez-vous-en voir, vous, si ma femme est habillée.

SCÈNE III

ARGAN, ANGÉLIQUE, CLÉANTE.

ARGAN.

Venez, ma fille ; votre maître de musique est allé aux champs, et voilà une personne qu'il envoie à sa place pour vous montrer.

ANGÉLIQUE, [*reconnaissant Cléante*].

Ah ! Ciel !

ARGAN.

Qu'est-ce ? D'où vient cette surprise ?

ANGÉLIQUE.

C'est. . .

ARGAN.

Quoi ? Qui vous émeut de la sorte ?

ANGÉLIQUE.

C'est, mon père, une aventure surprenante qui se rencontre ici.

ARGAN.

Comment ?

ANGÉLIQUE.

J'ai songé cette nuit que j'étois dans le plus grand embarras du monde, et qu'une personne faite tout comme Monsieur s'est présentée à moi, à qui j'ai demandé secours, et qui m'est venue tirer de la peine où j'étois; et ma surprise a été grande de voir inopinément, en arrivant ici, ce que j'ai eu dans l'idée toute la nuit.

CLÉANTE.

Ce n'est pas être malheureux que d'occuper votre pensée, soit en dormant, soit en veillant; et mon bonheur seroit grand sans doute si vous étiez dans quelque peine dont vous me jugeassiez digne de vous tirer; et il n'y a rien que je ne fisse pour...

SCÈNE IV

TOINETTE, CLÉANTE, ANGÉLIQUE, ARGAN.

TOINETTE, *par dérision.*

Ma foi, Monsieur, je suis pour vous maintenant, et je me dédis de tout ce que je disois hier. Voici monsieur Diafoirus le père, et monsieur Diafoirus le fils, qui viennent vous rendre visite. Que vous serez bien engendré! Vous allez voir le garçon le mieux fait du monde, et le plus spirituel. Il n'a dit que deux mots, qui m'ont ravie, et votre fille va être charmée de lui.

ARGAN, *à Cléante, qui feint de vouloir s'en aller.*

Ne vous en allez point, Monsieur. C'est que

je marie ma fille; et voilà qu'on lui amène son prétendu mari, qu'elle n'a point encore vu.

CLÉANTE.

C'est m'honorer beaucoup, Monsieur, de vouloir que je sois témoin d'une entrevue si agréable.

ARGAN.

C'est le fils d'un habile médecin, et le mariage se fera dans quatre jours.

CLÉANTE.

Fort bien.

ARGAN.

Mandez-le un peu à son maître de musique, afin qu'il se trouve à la noce.

CLÉANTE.

Je n'y manquerai pas.

ARGAN.

Je vous y prie aussi.

CLÉANTE.

Vous me faites beaucoup d'honneur.

TOINETTE.

Allons, qu'on se range; les voici.

SCÈNE V

MONSIEUR DIAFOIRUS, THOMAS DIAFOIRUS, ARGAN, ANGÉLIQUE, CLÉANTE, TOINETTE.

ARGAN, *mettant la main à son bonnet sans l'ôter.*

Monsieur Purgon, Monsieur, m'a défendu de découvrir ma tête. Vous êtes du métier, vous savez les conséquences.

MONSIEUR DIAFOIRUS.

Nous sommes dans toutes nos visites pour porter secours aux malades, et non pour leur porter de l'incommodité.

ARGAN.

Je reçois, Monsieur...

(*Ils parlent tous deux en même temps, s'interrompent et confondent.*)

MONSIEUR DIAFOIRUS.

Nous venons ici, Monsieur...

ARGAN.

Avec beaucoup de joie...

MONSIEUR DIAFOIRUS.

Mon fils Thomas et moi...

ARGAN.

L'honneur que vous me faites...

MONSIEUR DIAFOIRUS.

Vous témoigner, Monsieur...

ARGAN.

Et j'aurois souhaité...

MONSIEUR DIAFOIRUS.

Le ravissement où nous sommes...

ARGAN.

De pouvoir aller chez vous...

MONSIEUR DIAFOIRUS.

De la grâce que vous nous faites...

ARGAN.

Pour vous en assurer...

MONSIEUR DIAFOIRUS.

De vouloir bien nous recevoir...

ARGAN.

Mais vous savez, Monsieur...

MONSIEUR DIAFOIRUS.

Dans l'honneur, Monsieur...

ARGAN.

Ce que c'est qu'un pauvre malade...

MONSIEUR DIAFOIRUS.

De votre alliance...

ARGAN.

Qui ne peut faire autre chose...

MONSIEUR DIAFOIRUS.

Et vous assurer...

ARGAN.

Que de vous dire ici...

MONSIEUR DIAFOIRUS.

Que dans les choses qui dépendront de notre métier...

ARGAN.

Qu'il cherchera toutes les occasions...

MONSIEUR DIAFOIRUS.

De même qu'en toute autre...

ARGAN.

De vous faire connoître, Monsieur...

MONSIEUR DIAFOIRUS.

Nous serons toujours prêts, Monsieur...

ARGAN.

Qu'il est tout à votre service...

MONSIEUR DIAFOIRUS.

A vous témoigner notre zèle. (*Il se retourne vers son fils, et lui dit :*) Allons, Thomas, avancez. Faites vos compliments.

THOMAS DIAFOIRUS *est un grand benêt, nouvellement sorti des écoles, qui fait toutes choses de mauvaise grâce et à contre-temps.*

N'est-ce pas par le père qu'il convient commencer ?

MONSIEUR DIAFOIRUS.

Oui.

THOMAS DIAFOIRUS.

Monsieur, je viens saluer, reconnoître, chérir et révérer en vous un second père, mais un second père auquel j'ose dire que je me trouve plus redevable qu'au premier. Le premier m'a engendré, mais vous m'avez choisi. Il m'a reçu par nécessité, mais vous m'avez accepté par grâce. Ce que je tiens de lui est un ouvrage de son corps, mais ce que je tiens de vous est un ouvrage de votre volonté; et, d'autant plus que les facultés spirituelles sont au-dessus des corporelles, d'autant plus je vous dois, et d'autant plus je tiens précieuse cette future filiation, dont je viens aujourd'hui vous rendre par avance les très humbles et très respectueux hommages.

TOINETTE.

Vive les collèges, d'où l'on sort si habile homme !

THOMAS DIAFOIRUS.

Cela a-t-il bien été, mon père ?

MONSIEUR DIAFOIRUS.

Optime.

ARGAN, [*à Angélique*].

Allons, saluez Monsieur.

THOMAS DIAFOIRUS.

Baiserai-je?

MONSIEUR DIAFOIRUS.

Oui, oui.

THOMAS DIAFOIRUS, [*à Angélique*].

Madame, c'est avec justice que le Ciel vous a concédé le nom de belle-mère, puisque l'on...

ARGAN.

Ce n'est pas ma femme, c'est ma fille à qui vous parlez.

THOMAS DIAFOIRUS.

Où donc est-elle?

ARGAN.

Elle va venir.

THOMAS DIAFOIRUS.

Attendrai-je, mon père, qu'elle soit venue ?

MONSIEUR DIAFOIRUS.

Faites toujours le compliment de Mademoiselle.

THOMAS DIAFOIRUS.

Mademoiselle, ni plus ni moins que la statue de Memnon rendoit un son harmonieux lorsqu'elle venoit à être éclairée des rayons du soleil, tout de même me sens-je animé d'un doux transport à l'apparition du soleil de vos beautés. Et, comme les naturalistes remarquent que la fleur nommée héliotrope tourne sans cesse vers cet astre du jour, aussi mon cœur dores-en-avant tournera-t-il toujours vers les astres resplendissants de vos yeux adorables, ainsi que vers son pôle unique. Souffrez donc, Mademoiselle, que j'appende aujourd'hui à l'autel de vos charmes l'offrande de ce cœur, qui ne respire et n'ambitionne autre gloire, que d'être toute sa vie, Mademoiselle, votre très humble, très obéissant, et très fidèle serviteur, et mari.

TOINETTE, *en le raillant.*

Voilà ce que c'est que d'étudier, on apprend à dire de belles choses.

ARGAN, [*à Cléante*].

Eh ! que dites-vous de cela ?

CLÉANTE.

Que Monsieur fait merveilles, et que, s'il est aussi bon médecin qu'il est bon orateur, il y aura plaisir à être de ses malades.

TOINETTE.

Assurément. Ce sera quelque chose d'admirable s'il fait d'aussi belles cures qu'il fait de beaux discours.

ARGAN.

Allons, vite, ma chaise, et des sièges à tout le monde. Mettez-vous là, ma fille. [*A M. Diafoirus.*] Vous voyez, Monsieur, que tout le monde admire Monsieur votre fils, et je vous trouve bien heureux de vous voir un garçon comme cela.

MONSIEUR DIAFOIRUS.

Monsieur, ce n'est pas parce que je suis son père, mais je puis dire que j'ai sujet d'être content de lui, et que tous ceux qui le voient en parlent comme d'un garçon qui n'a point de méchanceté. Il n'a jamais eu l'imagination bien vive, ni ce feu d'esprit qu'on remarque dans quelques-uns ; mais c'est par là que j'ai toujours bien auguré de sa judiciaire, qualité requise pour l'exercice de notre art. Lorsqu'il étoit petit, il n'a jamais été ce qu'on appelle miévre et éveillé. On le voyoit toujours doux, paisible, et taciturne, ne disant jamais mot, et ne jouant jamais à tous ces petits jeux que l'on nomme enfantins. On eut toutes les peines du monde à lui apprendre à lire, et il avoit neuf ans, qu'il ne connoissoit pas encore ses lettres. « Bon, disois-je en moi-même, les arbres tardifs sont ceux qui portent les meilleurs fruits. On grave sur le marbre bien plus mal aisément que sur le sable; mais les choses y sont conservées bien plus long-temps, et cette lenteur à comprendre, cette pesanteur d'imagination, est la marque d'un bon jugement à venir. » Lorsque je l'envoyai au collège, il trouva de la peine; mais il se roidissoit contre les difficultés, et ses régents se louoient toujours à moi de son assiduité et de son travail. Enfin, à force de battre le fer, il en est venu glorieusement à avoir ses licences; et je puis dire sans vanité que, depuis deux ans qu'il est sur les bancs, il n'y a point de candidat qui ait fait plus de bruit que lui dans toutes les disputes de notre école. Il s'y est rendu redoutable, et il ne s'y passe point d'acte où il n'aille argumenter à outrance pour la proposition contraire. Il est ferme dans la dispute, fort comme un Turc sur ses principes, ne démord jamais de son opinion, et poursuit un raisonnement jusque dans les derniers recoins de la logique.

Mais, sur toute chose, ce qui me plaît en lui, et en quoi il suit mon exemple, c'est qu'il s'attache aveuglément aux opinions de nos anciens, et que jamais il n'a voulu comprendre ni écouter les raisons et les expériences des prétendues découvertes de notre siècle, touchant la circulation du sang, et autres opinions de même farine.

THOMAS DIAFOIRUS, [*Il tire de sa poche une grande thèse roulée, qu'il présente à Angélique.*]

J'ai contre les circulateurs soutenu une thèse, qu'avec la permission de Monsieur, [*saluant Argan*] j'ose présenter à Mademoiselle, comme un hommage que je lui dois des prémices de mon esprit.

ANGÉLIQUE.

Monsieur, c'est pour moi un meuble inutile, et je ne me connois pas à ces choses-là.

TOINETTE, [*prenant la thèse*].

Donnez, donnez, elle est toujours bonne à prendre pour l'image; cela servira à parer notre chambre.

THOMAS DIAFOIRUS, [*saluant encore Argan*].

Avec la permission aussi de Monsieur, je vous invite à venir voir l'un de ces jours, pour vous divertir, la dissection d'une femme, sur quoi je dois raisonner.

TOINETTE.

Le divertissement sera agréable. Il y en a qui

donnent la comédie à leurs maîtresses ; mais donner une dissection est quelque chose de plus galant.

MONSIEUR DIAFOIRUS.

[Au reste, pour ce qui est des qualités requises pour le mariage et la propagation, je vous assure que, selon les règles de nos docteurs, il est tel qu'on le peut souhaiter ; qu'il possède en un degré louable la vertu prolifique, et qu'il est du tempérament qu'il faut pour engendrer et procréer des enfants bien conditionnés.

ARGAN.

N'est-ce pas votre intention, Monsieur, de le pousser à la cour, et d'y ménager pour lui une charge de médecin ?

MONSIEUR DIAFOIRUS.

A vous en parler franchement, notre métier auprès des grands ne m'a jamais paru agréable, et j'ai toujours trouvé qu'il valoit mieux, pour nous autres, demeurer au public. Le public est commode. Vous n'avez à répondre de vos actions à personne ; et, pourvu que l'on suive le courant des règles de l'art, on ne se met point en peine de tout ce qui peut arriver. Mais ce qu'il y a de fâcheux auprès des grands, c'est que, quand ils viennent à être malades, ils veulent absolument que leurs médecins les guérissent.

TOINETTE.

Cela est plaisant, et ils sont bien impertinents de vouloir que vous autres, Messieurs, vous les guérissiez. Vous n'êtes point auprès d'eux pour cela; vous n'y êtes que pour recevoir vos pensions, et leur ordonner des remèdes; c'est à eux à guérir s'ils peuvent.

MONSIEUR DIAFOIRUS.

Cela est vrai. On n'est obligé qu'à traiter les gens dans les formes.]

ARGAN, *à Cléante.*

Monsieur, faites un peu chanter ma fille devant la compagnie.

CLÉANTE.

J'attendois vos ordres, Monsieur; et il m'est venu en pensée, pour divertir la compagnie, de chanter avec Mademoiselle une scène d'un petit opéra qu'on a fait depuis peu. [*A Angélique, lui donnant un papier.*] Tenez, voilà votre partie.

ANGÉLIQUE.

Moi?

CLÉANTE, [*bas*].

Ne vous défendez point, s'il vous plaît, et me laissez vous faire comprendre ce que c'est que la scène que nous devons chanter. (*Haut.*) Je n'ai pas une voix à chanter; mais ici il suffit que je me fasse entendre, et l'on aura la bonté de m'excuser par la nécessité où je me trouve de faire chanter Mademoiselle.

ARGAN.

Les vers en sont-ils beaux?

CLÉANTE.

C'est proprement ici un petit opéra impromptu, et vous n'allez entendre chanter que de la prose cadencée, ou des manières de vers libres, [tels que la passion et la nécessité peuvent faire trouver à deux personnes qui disent les choses d'eux-mêmes et parlent sur-le-champ].

ARGAN.

Fort bien. Ecoutons.

CLÉANTE, *sous le nom d'un berger, explique à sa maîtresse son amour depuis leur rencontre, et ensuite ils s'appliquent leurs pensées l'un à l'autre, en chantant.*

Voici le sujet de la scène. Un berger [étoit attentif aux beautés d'un spectacle qui ne faisoit que de commencer, lorsqu'il fut tiré de son attention par un bruit qu'il entendit à ses côtés. Il se retourne, et voit un brutal qui de paroles insolentes maltraitoit une bergère. D'abord il prend les intérêts d'un sexe à qui tous les hommes doivent hommage; et, après avoir donné au brutal le châtiment de son insolence, il vient à la bergère, et voit une jeune personne qui, des deux plus beaux yeux qu'il eût jamais vus, versoit des larmes, qu'il trouva les plus belles du monde. « Hélas ! dit-il en lui-même, est-on capable d'outrager une personne si aimable ? Et quel inhumain, quel barbare ne seroit touché par de telles larmes ? » Il prend soin de les arrêter, ces larmes qu'il trouve si belles ; et l'aimable bergère prend soin en même temps de le remercier de son léger service, mais d'une manière si charmante, si tendre et si passionnée, que le berger n'y peut résister ; et chaque mot, chaque regard, est un trait plein de flamme, dont son cœur se sent pénétré. « Est-il, disoit-il, quelque chose qui puisse mériter les aimables paroles d'un tel remerciement ? Et que ne voudroit-on pas faire, à quels services, à quels dangers, ne seroit-on pas ravi de courir, pour s'attirer un seul moment des touchantes douceurs d'une âme si reconnoissante ? » Tout le spectacle passe sans qu'il y donne aucune attention ; mais il se plaint qu'il est trop court, parce qu'en finissant il le sépare de son adorable bergère ; et de cette première vue, de ce premier moment, il emporte chez lui tout ce qu'un amour de plusieurs années peut avoir de plus violent. Le voilà aussitôt à sentir tous les maux de l'absence, et il est tourmenté de ne plus voir ce qu'il a si peu vu. Il fait tout ce qu'il peut pour se redonner cette vue, dont il conserve, nuit et jour, une si chère idée ;

mais la grande contrainte où l'on tient sa bergère lui en ôte tous les moyens. La violence de sa passion le fait résoudre à demander en mariage l'adorable beauté sans laquelle il ne peut plus vivre, et il en obtient d'elle la permission par un billet qu'il a l'adresse de lui faire tenir. Mais dans le même temps on l'avertit que le père de cette belle a conclu son mariage avec un autre, et que tout se dispose pour en célébrer la cérémonie. Jugez quelle atteinte cruelle au cœur de ce triste berger! Le voilà accablé d'une mortelle douleur. Il ne peut souffrir l'effroyable idée de voir tout ce qu'il aime entre les bras d'un autre, et son amour au désespoir lui fait trouver moyen de s'introduire dans la maison de sa bergère, pour apprendre ses sentiments et savoir d'elle la destinée à laquelle il doit se résoudre. Il y rencontre les apprêts de tout ce qu'il craint; il y voit venir l'indigne rival que le caprice d'un père oppose aux tendresses de son amour. Il le voit triomphant, ce rival ridicule, auprès de l'aimable bergère, ainsi qu'auprès d'une conquête qui lui est assurée; et cette vue le remplit d'une colère dont il a peine à se rendre le maître. Il jette de douloureux regards sur celle qu'il adore, et son respect et la présence de son père l'empêchent de lui rien dire que des yeux. Mais enfin il force toute contrainte, et le transport de son amour l'oblige à lui] parler ainsi :

(Il chante.)

[*Belle Philis, c'est trop, c'est trop souffrir ;*
Rompons ce dur silence, et m'ouvrez vos pensées.
Apprenez-moi ma destinée :
Faut-il vivre ? faut-il mourir ?

ANGÉLIQUE répond en chantant :

Vous me voyez, Tircis, triste et mélancolique
Aux apprêts de l'hymen dont vous vous alarmez :
Je lève au ciel les yeux, je vous regarde, je soupire :
C'est vous en dire assez.

ARGAN.

Ouais ! je ne croyois pas que ma fille fût si habile que de chanter ainsi à livre ouvert, sans hésiter.]

CLÉANTE.

Hélas ! belle Philis,
Se pourroit-il que l'amoureux Tircis
Eût assez de bonheur
Pour avoir quelque place dans votre cœur ?

ANGÉLIQUE.

Je ne m'en défends point dans cette peine extrême :
Oui, Tircis, je vous aime.

CLÉANTE.

O parole pleine d'appas !
Ai-je bien entendu, hélas !
Redites-la, Philis, que je n'en doute pas.

ANGÉLIQUE.

Oui, Tircis, je vous aime.

CLÉANTE.

De grâce, encor, Philis.

ANGÉLIQUE.

Je vous aime.

CLÉANTE.

Recommencez cent fois, ne vous en lassez pas.

ANGÉLIQUE.

Je vous aime, je vous aime ;
Oui, Tircis, je vous aime.

CLÉANTE.

[Dieux, rois, qui sous vos pieds regardez tout le monde,
Pouvez-vous comparer votre bonheur au mien ?]
Mais, Philis, une pensée
Vient troubler ce doux transport :
Un rival, un rival...

ANGÉLIQUE.

Ah ! je le hais plus que la mort,
[Et sa présence, ainsi qu'à vous,
M'est un cruel supplice.]

CLÉANTE.

Mais un père à ses vœux vous veut assujettir.

ANGÉLIQUE.

Plutôt, plutôt mourir
Que de jamais y consentir ;
Plutôt, plutôt mourir, plutôt mourir !

ARGAN.

Et que dit le père à tout cela!

CLÉANTE.

Il ne dit rien.

ARGAN, [*en colère*].

Voilà un sot père que ce père-là, de souffrir toutes ces sottises sans rien dire!

CLÉANTE, [*voulant continuer à chanter*].

Ah! mon amour...

ARGAN.

Non, non, en voilà assez. Cette comédie-là est de fort mauvais exemple. Le berger Tircis est un impertinent, et la bergère Philis une impudente, de parler de la sorte devant son père, [*à Angélique*]. Montrez-moi ce papier. Ah! Ah! Où sont donc les paroles que vous avez dites? Il n'y a là que de la musique écrite.

CLÉANTE.

Est-ce que vous ne savez pas, Monsieur, qu'on a trouvé, depuis peu, l'invention d'écrire les paroles avec les notes mêmes?

ARGAN.

Fort bien. Je suis votre serviteur, Monsieur; jusqu'au revoir. Nous nous serions bien passés de votre impertinent d'opéra.

CLÉANTE.

J'ai cru vous divertir.

ARGAN.

Les sottises ne divertissent point. Ah ! voici ma femme.

SCÈNE VI

BÉLINE, ARGAN, TOINETTE, ANGÉLIQUE, MONSIEUR DIAFOIRUS, THOMAS DIAFOIRUS

ARGAN.

Mamour, voilà le fils de monsieur Diafoirus.

THOMAS DIAFOIRUS *commence un compliment qu'il avoit étudié, et la mémoire lui manquant, il ne peut le continuer.*

Madame, c'est avec justice que le Ciel vous a concédé le nom de belle-mère, puisque l'on voit sur votre visage...

BÉLINE.

Monsieur, je suis ravie d'être venue ici à propos pour avoir l'honneur de vous voir.

THOMAS DIAFOIRUS.

Puisque l'on voit sur votre visage... puisque l'on voit sur votre visage... Madame, vous m'avez interrompu dans le milieu de ma période, et cela m'a troublé la mémoire.

MONSIEUR DIAFOIRUS.

Thomas, réservez cela pour une autre fois.

ARGAN.

Je voudrois, mamie, que vous eussiez été ici tantôt.

TOINETTE.

Ah! Madame, vous avez bien perdu de n'avoir pas été au second père, à la statue de Memnon, et à la fleur nommée héliotrope.

ARGAN.

Allons, ma fille, touchez dans la main de Monsieur et lui donnez votre foi comme à votre mari.

ANGÉLIQUE.

Mon père!

ARGAN.

Eh bien, « Mon père! » Qu'est-ce que cela veut dire?

ANGÉLIQUE.

De grâce, ne précipitez pas les choses. Donnez-nous au moins le temps de nous connoître, et de voir naître en nous l'un pour l'autre cette inclination si nécessaire à composer une union parfaite.

THOMAS DIAFOIRUS.

Quant à moi, Mademoiselle, elle est déjà toute née en moi, et je n'ai pas besoin d'attendre davantage.

ANGÉLIQUE.

Si vous êtes si prompt, Monsieur, il n'en est

pas de même de moi, et je vous avoue que votre mérite n'a pas encore fait assez d'impression dans mon âme.

ARGAN.

Oh! bien, bien; cela aura tout le loisir de se faire quand vous serez mariés ensemble.

ANGÉLIQUE.

Eh! mon père, donnez-moi du temps, je vous prie. Le mariage est une chaîne où l'on ne doit jamais soumettre un cœur par force; et, si Monsieur est honnête homme, il ne doit point vouloir accepter une personne qui seroit à lui par contrainte.

THOMAS DIAFOIRUS.

Nego consequentiam, Mademoiselle; et je puis être honnête homme, et vouloir bien vous accepter des mains de monsieur votre père.

ANGÉLIQUE.

C'est un méchant moyen de se faire aimer de quelqu'un, que de lui faire violence.

THOMAS DIAFOIRUS.

Nous lisons des anciens, Mademoiselle, que leur coutume étoit d'enlever par force, de la maison des pères, les filles qu'on menoit marier, afin qu'il ne semblât pas que ce fût de leur consentement qu'elles convoloient dans les bras d'un homme.

ANGÉLIQUE.

Les anciens, Monsieur, sont les anciens; et

nous sommes les gens de maintenant. Les grimaces ne sont point nécessaires dans notre siècle, et, quand un mariage nous plaît, nous savons fort bien y aller sans qu'on nous y traîne. Donnez-vous patience; si vous m'aimez, Monsieur, vous devez vouloir tout ce que je veux.

THOMAS DIAFOIRUS.

Oui, Mademoiselle, jusqu'aux intérêts de mon amour exclusivement.

ANGÉLIQUE.

Mais la grande marque d'amour, c'est d'être soumis aux volontés de celle qu'on aime.

THOMAS DIAFOIRUS.

Distinguo, Mademoiselle : dans ce qui ne regarde point sa possession, *concedo* ; mais, dans ce qui la regarde, *nego*.

TOINETTE, [*à Angélique*].

Vous avez beau raisonner : Monsieur est frais émoulu du collége, et il vous donnera toujours votre reste. Pourquoi tant résister, et refuser la gloire d'être attachée au corps de la Faculté?

BÉLINE.

Elle a peut-être quelque inclination en tête.

ANGÉLIQUE.

Si j'en avois, Madame, elle seroit telle que la raison et l'honnêteté pourroient me la permettre.

ARGAN.

Ouais! je joue ici un plaisant personnage.

BÉLINE.

Si j'étois que de vous, mon fils, je ne la forcerois point à se marier, et je sais bien ce que je ferois.

ANGÉLIQUE.

Je sais, Madame, ce que vous voulez dire, et les bontés que vous avez pour moi; mais peut-être que vos conseils ne seront pas assez heureux pour être exécutés.

BÉLINE.

C'est que les filles bien sages et bien honnêtes comme vous se moquent d'être obéissantes, et soumises aux volontés de leurs pères. Cela étoit bon autrefois.

ANGÉLIQUE.

Le devoir d'une fille a des bornes, Madame, et la raison et les lois ne l'étendent point à toutes sortes de choses.

BÉLINE.

C'est-à-dire que vos pensées ne sont que pour le mariage; mais vous voulez choisir un époux à votre fantaisie.

ANGÉLIQUE.

Si mon père ne veut pas me donner un mari qui me plaise, je le conjurerai au moins de ne me point forcer à en épouser un que je ne puisse pas aimer.

ARGAN.

Messieurs, je vous demande pardon de tout ceci.

ANGÉLIQUE.

Chacun a son but en se mariant. Pour moi, qui ne veux un mari que pour l'aimer véritablement, et qui prétends en faire tout l'attachement de ma vie, je vous avoue que j'y cherche quelque précaution. Il y en a d'aucunes qui prennent des maris seulement pour se tirer de la contrainte de leurs parents et se mettre en état de faire tout ce qu'elles voudront. Il y en a d'autres, Madame, qui font du mariage un commerce de pur intérêt; qui ne se marient que pour gagner des douaires, que pour s'enrichir par la mort de ceux qu'elles épousent, et courent sans scrupule de mari en mari pour s'approprier leurs dépouilles. Ces personnes-là, à la vérité, n'y cherchent pas tant de façons, et regardent peu la personne.

BÉLINE.

Je vous trouve aujourd'hui bien raisonnante, et je voudrois bien savoir ce que vous voulez dire par là.

ANGÉLIQUE.

Moi, Madame? que voudrois-je dire que ce que je dis?

BÉLINE.

Vous êtes si sotte, mamie, qu'on ne sauroit plus vous souffrir.

ANGÉLIQUE.

Vous voudriez bien, Madame, m'obliger à vous répondre quelque impertinence, mais je vous avertis que vous n'aurez pas cet avantage.

BÉLINE.

Il n'est rien d'égal à votre insolence.

ANGÉLIQUE.

Non, Madame, vous avez beau dire.

BÉLINE.

Et vous avez un ridicule orgueil, une impertinente présomption, qui fait hausser les épaules à tout le monde.

ANGÉLIQUE.

Tout cela, Madame, ne servira de rien, je serai sage en dépit de vous; et, pour vous ôter l'espérance de pouvoir réussir dans ce que vous voulez, je vais m'ôter de votre vue.

ARGAN, [*à Angélique qui sort*].

Ecoute, il n'y a point de milieu à cela : choisis d'épouser dans quatre jours ou Monsieur, ou un couvent. [*A Béline*]. Ne vous mettez pas en peine, je la rangerai bien.

BÉLINE.

Je suis fâchée de vous quitter, mon fils; mais j'ai une affaire en ville dont je ne puis me dispenser. Je reviendrai bientôt.

ARGAN.

Allez, mamour, et passez chez votre notaire, afin qu'il expédie ce que vous savez.

BÉLINE.

Adieu, mon petit ami.

ARGAN.

Adieu, mamie. Voilà une femme qui m'aime... cela n'est pas croyable.

MONSIEUR DIAFOIRUS.

Nous allons, Monsieur, prendre congé de vous.

ARGAN.

Je vous prie, Monsieur, de me dire un peu comment je suis.

MONSIEUR DIAFOIRUS *lui tâte le pouls.*

Allons, Thomas, prenez l'autre bras de Monsieur, pour voir si vous saurez porter un bon jugement de son pouls. *Quid dicis?*

THOMAS DIAFOIRUS.

Dico que le pouls de Monsieur est le pouls d'un homme qui ne se porte point bien.

MONSIEUR DIAFOIRUS.

Bon.

THOMAS DIAFOIRUS.

Qu'il est duriuscule, pour ne pas dire dur.

MONSIEUR DIAFOIRUS.

Fort bien.

THOMAS DIAFOIRUS.

Repoussant.

MONSIEUR DIAFOIRUS.

Bene.

THOMAS DIAFOIRUS.

Et même un peu capricant.

MONSIEUR DIAFOIRUS.

Optime.

THOMAS DIAFOIRUS.

Ce qui marque une intempérie dans le parenchyme splénique, c'est-à-dire la rate.

MONSIEUR DIAFOIRUS.

Fort bien.

ARGAN.

Non; monsieur Purgon dit que c'est mon foie qui est malade.

MONSIEUR DIAFOIRUS.

Eh! oui; qui dit parenchyme dit l'un et l'autre, à cause de l'étroite sympathie qu'ils ont ensemble, par le moyen du *vas breve*, du *pylore*, et souvent des *meats cholidoques*. Il vous ordonne sans doute de manger force rôti.

ARGAN.

Non, rien que du bouilli.

MONSIEUR DIAFOIRUS.

Eh! oui; rôti, bouilli, même chose. Il vous ordonne fort prudemment, et vous ne pouvez être en de meilleures mains.

ARGAN.

Monsieur, combien est-ce qu'il faut mettre de grains de sel dans un œuf?

MONSIEUR DIAFOIRUS.

Six, huit, dix, par les nombres pairs; comme dans les médicaments, par les nombres impairs.

ARGAN.

Jusqu'au revoir, Monsieur.

SCÈNE VII

BÉLINE, ARGAN.

BÉLINE.

Je viens, mon fils, avant que de sortir, vous donner avis d'une chose à laquelle il faut que vous preniez garde. En passant par-devant la chambre d'Angélique, j'ai vu un jeune homme avec elle, qui s'est sauvé d'abord qu'il m'a vue.

ARGAN.

Un jeune homme avec ma fille ?

BÉLINE.

Oui. Votre petite fille Louison étoit avec eux, qui pourra vous en dire des nouvelles.

ARGAN.

Envoyez-la ici, mamour, envoyez-la ici. Ah !

l'effrontée ! [*Seul.*] Je ne m'étonne plus de sa résistance.

SCÈNE VIII

LOUISON, ARGAN.

LOUISON.

Qu'est-ce que vous voulez, mon papa ? Ma belle-maman m'a dit que vous me demandez.

ARGAN.

Oui. Venez çà. Avancez là. Tournez-vous. Levez les yeux. Regardez-moi. Eh !

LOUISON.

Quoi, mon papa ?

ARGAN.

Là ?

LOUISON.

Quoi ?

ARGAN.

N'avez-vous rien à me dire ?

LOUISON.

Je vous dirai, si vous voulez, pour vous désennuyer, le conte de Peau d'Ane, ou bien la fable du Corbeau et du Renard, qu'on m'a apprise depuis peu.

ARGAN.

Ce n'est pas là ce que je demande.

LOUISON.

Quoi donc ?

ARGAN.

Ah ! rusée, vous savez bien ce que je veux dire.

LOUISON.

Pardonnez-moi, mon papa.

ARGAN.

Est-ce là comme vous m'obéissez ?

LOUISON.

Quoi ?

ARGAN.

Ne vous ai-je pas recommandé de me venir dire d'abord tout ce que vous voyez ?

LOUISON.

Oui, mon papa.

ARGAN.

L'avez-vous fait ?

LOUISON.

Oui, mon papa. Je vous suis venue dire tout ce que j'ai vu.

ARGAN.

Et n'avez-vous rien vu aujourd'hui ?

LOUISON.

Non, mon papa.

ARGAN.

Non ?

LOUISON.

Non, mon papa.

ARGAN.

Assurément ?

LOUISON.

Assurément.

ARGAN.

Oh ! çà, je m'en vais vous faire voir quelque chose, moi.

(*Il va prendre une poignée de verges.*)

LOUISON.

Ah ! mon papa !

ARGAN.

Ah ! ah ! petite masque, vous ne me dites pas que vous avez vu un homme dans la chambre de votre sœur ?

LOUISON, [*pleurant*].

Mon papa !

ARGAN, [*prenant Louison par le bras*].

Voici qui vous apprendra à mentir.

LOUISON *se jette à genoux.*

Ah ! mon papa, je vous demande pardon. C'est que ma sœur m'avoit dit de ne pas vous le dire ; mais je m'en vais vous dire tout.

ARGAN.

Il faut premièrement que vous ayez le fouet pour avoir menti. Puis après nous verrons au reste.

LOUISON.

Pardon, mon papa.

ARGAN.

Non, non.

LOUISON.

Mon pauvre papa, ne me donnez pas le fouet.

ARGAN.

Vous l'aurez.

LOUISON.

Au nom de Dieu, mon papa, que je ne l'aie pas.

ARGAN, *la prenant pour la fouetter.*

Allons, allons.

LOUISON.

Ah ! mon papa, vous m'avez blessée. Attendez, je suis morte.

(*Elle contrefait la morte.*)

ARGAN.

Holà ! Qu'est-ce là ? Louison, Louison ! Ah ! mon Dieu ! Louison ! Ah ! ma fille ! Ah ! malheureux, ma pauvre fille est morte. Qu'ai-je fait, misérable ? Ah ! chiennes de verges ! La peste soit des verges ! Ah ! ma pauvre fille, ma pauvre petite Louison !

LOUISON.

Là, là, mon papa, ne pleurez point tant ; je ne suis pas morte tout-à-fait.

ARGAN.

Voyez-vous la petite rusée! Oh! çà, çà, je vous pardonne pour cette fois-ci, pourvu que vous me disiez bien tout.

LOUISON.

Ho! oui, mon papa.

ARGAN.

Prenez-y bien garde au moins; car voilà un petit doigt, qui sait tout, qui me dira si vous mentez.

LOUISON.

Mais, mon papa, ne dites pas à ma sœur que je vous l'ai dit.

ARGAN.

Non, non.

LOUISON.

C'est, mon papa, qu'il est venu un homme dans la chambre de ma sœur comme j'y étois.

ARGAN.

Hé bien?

LOUISON.

Je lui ai demandé ce qu'il demandoit, et il m'a dit qu'il étoit son maître à chanter.

ARGAN.

Hon, hon! Voilà l'affaire. [*A Louison.*] Hé bien?

LOUISON.

Ma sœur est venue après.

ARGAN.

Hé bien ?

LOUISON.

Elle lui a dit : « Sortez, sortez, sortez ! Mon Dieu, sortez ! vous me mettez au désespoir. »

ARGAN.

Hé bien ?

LOUISON.

Et lui, il ne vouloit pas sortir.

ARGAN.

Qu'est-ce qu'il lui disoit ?

LOUISON.

Il lui disoit je ne sais combien de choses.

ARGAN.

Et quoi encore ?

LOUISON.

Il lui disoit tout ci, tout çà, qu'il l'aimoit bien, et qu'elle étoit la plus belle du monde.

ARGAN.

Et puis après ?

LOUISON.

Et puis après, il se mettoit à genoux devant elle.

ARGAN.

Et puis après ?

LOUISON.

Et puis après, il lui baisoit les mains.

ARGAN.

Et puis après ?

LOUISON.

Et puis après, ma belle-maman est venue à la porte, et il s'est enfui.

ARGAN.

Il n'y a point autre chose ?

LOUISON.

Non, mon papa.

ARGAN.

Voilà mon petit doigt pourtant qui gronde quelque chose. (*Il met son doigt à son oreille.*) Attendez. Eh ! ah, ah ! Oui ? Oh ! oh ! voilà mon petit doigt qui me dit quelque chose que vous avez vu, et que vous ne m'avez pas dit.

LOUISON.

Ah ! mon papa, votre petit doigt est un menteur.

ARGAN.

Prenez garde.

LOUISON.

Non, mon papa, ne le croyez pas ; il ment, je vous assure.

ARGAN.

Oh bien, bien, nous verrons cela. Allez-vous-en, et prenez bien garde à tout ; allez. (*Seul.*) Ah ! il n'y a plus d'enfants. Ah ! que d'affaires ! je n'ai pas seulement le loisir de songer à ma maladie. En vérité, je n'en puis plus.

(*Il se remet dans sa chaise.*)

SCÈNE IX

BÉRALDE, ARGAN.

BÉRALDE.

Hé bien, mon frère, qu'est-ce ? Comment vous portez-vous ?

ARGAN.

Ah ! mon frère, fort mal.

BÉRALDE.

Comment, « fort mal » ?

ARGAN.

Oui, je suis dans une foiblesse si grande que cela n'est pas croyable.

BÉRALDE.

Voilà qui est fâcheux.

ARGAN.

Je n'ai pas seulement la force de pouvoir parler.

BÉRALDE.

J'étois venu ici, mon frère, vous proposer un parti pour ma nièce Angélique.

ARGAN, *parlant avec emportement, et se levant de sa chaise.*

Mon frère, ne me parlez point de cette coquine-là. C'est une friponne, une impertinente, une effrontée, que je mettrai dans un couvent avant qu'il soit deux jours.

BÉRALDE.

Ah! voilà qui est bien. Je suis bien aise que la force vous revienne un peu, et que ma visite vous fasse du bien. Oh çà, nous parlerons d'affaires tantôt. Je vous amène ici un divertissement (que j'ai rencontré), qui dissipera votre chagrin et vous rendra l'âme mieux disposée aux choses que nous avons à dire. (Ce sont des Égyptiens vêtus en Mores, qui font des danses mêlées de chansons, où je suis sûr que vous prendrez plaisir); et cela vaudra bien une ordonnance de monsieur Purgon. Allons.

SECOND INTERMÈDE

Le frère du Malade imaginaire lui amène, pour le divertir, plusieurs Égyptiens et Égyptiennes, vêtus en Mores, qui font des danses entremêlées de chansons.

PREMIÈRE FEMME MORE.

Profitez du printemps
De vos beaux ans,
Aimable jeunesse ;
Profitez du printemps
De vos beaux ans,
Donnez-vous à la tendresse.

⁂

Les plaisirs les plus charmants,
Sans l'amoureuse flamme,
Pour contenter une âme
N'ont point d'attraits assez puissants.

⁂

Profitez du printemps
De vos beaux ans ;
Aimable jeunesse ;
Profitez du printemps
De vos beaux ans,
Donnez-vous à la tendresse.

⁂

Ne perdez point ces précieux moments :
La beauté passe,
Le temps l'efface ;
L'âge de glace
Vient à sa place,
Qui nous ôte le goût de ces doux passe-temps.

⁂

Profitez du printemps
De vos beaux ans,
Aimable jeunesse ;
Profitez du printemps
De vos beaux ans,
Donnez-vous à la tendresse.

PREMIÈRE ENTRÉE DE BALLET.

Danse des Égyptiens et des Égyptiennes.

SECONDE FEMME MORE.

Quand d'aimer on nous presse,
A quoi songez-vous ?
Nos cœurs, dans la jeunesse,
N'ont vers la tendresse
Qu'un penchant trop doux.
L'amour a, pour nous prendre,
De si doux attraits
Que de soi, sans attendre,
On voudroit se rendre
A ses premiers traits ;
Mais tout ce qu'on écoute
Des vives douleurs
Et des pleurs
Qu'il nous coûte,
Fait qu'on en redoute
Toutes les douceurs.

TROISIÈME FEMME MORE.

Il est doux, à notre âge,
D'aimer tendrement
Un amant
Qui s'engage ;
Mais, s'il est volage,
Hélas ! quel tourment !

QUATRIÈME FEMME MORE.

L'amant qui se dégage
N'est pas le malheur ;

La douleur
Et la rage,
C'est que le volage
Garde notre cœur.

SECONDE FEMME MORE.

Quel parti faut-il prendre
Pour nos jeunes cœurs ?

QUATRIÈME FEMME MORE.

Devons-nous nous y rendre
Malgré ses rigueurs ?

ENSEMBLE.

Oui, suivons ses ardeurs,
Ses transports, ses caprices,
Ses douces langueurs ;
S'il a quelques supplices,
Il a cent délices
Qui charment les cœurs.

SECONDE ENTRÉE DE BALLET.

Tous les Mores dansent ensemble, et font sauter des singes qu'ils ont amenés avec eux.

ACTE III

SCÈNE PREMIÈRE

BÉRALDE, ARGAN, TOINETTE.

BÉRALDE.

Hé bien! mon frère, qu'en dites-vous? Cela ne vaut-il pas bien une prise de casse?

TOINETTE.

Hon! de bonne casse est bonne.

BÉRALDE.

Oh çà! voulez-vous que nous parlions un peu ensemble?

ARGAN.

Un peu de patience, mon frère : je vais revenir.

TOINETTE, [*lui donnant son bâton*].

Tenez, Monsieur; vous ne songez pas que vous ne sauriez marcher sans bâton.

ARGAN.

Tu as raison.

SCÈNE II

BÉRALDE, TOINETTE.

TOINETTE.

N'abandonnez pas, s'il vous plaît, les intérêts de votre nièce.

BÉRALDE.

J'emploierai toutes choses pour lui obtenir ce qu'elle souhaite.

TOINETTE.

Il faut absolument empêcher ce mariage extravagant qu'il s'est mis dans la fantaisie, et j'avois songé en moi-même que ç'auroit été une bonne affaire, de pouvoir introduire ici un médecin à notre poste, pour le dégoûter de son monsieur Purgon, et lui décrier sa conduite. Mais, comme nous n'avons personne en main pour cela, j'ai résolu de jouer un tour de ma tête.

BÉRALDE.

Comment?

TOINETTE.

C'est une imagination burlesque. Cela sera peut-être plus heureux que sage. Laissez-moi faire; agissez de votre côté. Voici notre homme.

SCÈNE III

ARGAN, BÉRALDE.

BÉRALDE.

Vous voulez bien, mon frère, que je vous demande, avant toute chose, de ne vous point échauffer l'esprit dans notre conversation.

ARGAN.

Voilà qui est fait.

BÉRALDE.

De répondre sans nulle aigreur aux choses que je pourrai vous dire.

ARGAN.

Oui.

BÉRALDE.

Et de raisonner ensemble, sur les affaires dont nous avons à parler, avec un esprit détaché de toute passion.

ARGAN.

Mon Dieu, oui. Voilà bien du préambule.

BÉRALDE.

D'où vient, mon frère, qu'ayant le bien que vous avez, et n'ayant d'enfants qu'une fille, car je ne compte pas la petite, d'où vient, dis-je, que vous parlez de la mettre dans un couvent?

ARGAN.

D'où vient, mon frère, que je suis maître dans ma famille, pour faire ce que bon me semble ?

BÉRALDE.

Votre femme ne manque pas de vous conseiller de vous défaire ainsi de vos deux filles ; et je ne doute point que, par un esprit de charité, elle ne fût ravie de les voir toutes deux bonnes religieuses.

ARGAN.

Oh çà ! nous y voici. Voilà d'abord la pauvre femme en jeu. C'est elle qui fait tout le mal, et tout le monde lui en veut.

BÉRALDE.

Non, mon frère ; laissons-la là : c'est une femme qui a les meilleures intentions du monde pour votre famille, et qui est détachée de toute sorte d'intérêt ; qui a pour vous une tendresse merveilleuse, et qui montre pour vos enfants une affection et une bonté qui n'est pas concevable ; cela est certain. N'en parlons point, et revenons à votre fille. Sur quelle pensée, mon frère, la voulez-vous donner en mariage au fils d'un médecin?

ARGAN.

Sur la pensée, mon frère, de me donner un gendre tel qu'il me faut.

BÉRALDE.

Ce n'est point là, mon frère, le fait de votre

fille, et il se présente un parti plus sortable pour elle.

ARGAN.

Oui; mais celui-ci, mon frère, est plus sortable pour moi.

BÉRALDE.

Mais le mari qu'elle doit prendre doit-il être, mon frère, ou pour elle, ou pour vous?

ARGAN.

Il doit être, mon frère, et pour elle et pour moi; et je veux mettre dans ma famille les gens dont j'ai besoin.

BÉRALDE.

Par cette raison-là, si votre petite étoit grande, vous lui donneriez en mariage un apothicaire.

ARGAN.

Pourquoi non?

BÉRALDE.

Est-il possible que vous serez toujours embéguiné de vos apothicaires et de vos médecins, et que vous vouliez être malade en dépit des gens et de la nature!

ARGAN.

Comment l'entendez-vous, mon frère?

BÉRALDE.

J'entends, mon frère, que je ne vois point d'homme qui soit moins malade que vous, et que je ne demanderois point une meilleure constitution que la vôtre. Une grande marque que vous vous portez bien, et que vous avez un corps parfaitement bien composé, c'est qu'avec tous les soins que vous avez pris, vous n'avez pu parvenir encore à gâter la bonté de votre tempérament, et que vous n'êtes point crevé de toutes les médecines qu'on vous a fait prendre.

ARGAN.

Mais savez-vous, mon frère, que c'est cela qui me conserve; et que monsieur Purgon dit que je succomberois, s'il étoit seulement trois jours sans prendre soin de moi!

BÉRALDE.

Si vous n'y prenez garde, il prendra tant de soin de vous qu'il vous envoiera en l'autre monde.

ARGAN.

Mais raisonnons un peu, mon frère. Vous ne croyez donc point à la médecine?

BÉRALDE.

Non, mon frère; et je ne vois pas que, pour son salut, il soit nécessaire d'y croire.

ARGAN.

[Quoi! vous ne tenez pas véritable une chose établie par tout le monde, et que tous les siècles ont révérée?

BÉRALDE.

Bien loin de la tenir véritable, je la trouve, entre nous, une des plus grandes folies qui soit parmi les hommes; et, à regarder les choses en philosophe, je ne vois point de plus plaisante momerie, je ne vois rien de plus ridicule qu'un homme qui se veut mêler d'en guérir un autre.

ARGAN.

Pourquoi ne voulez-vous pas, mon frère, qu'un homme en puisse guérir un autre?

BÉRALDE.

Par la raison, mon frère, que les ressorts de notre machine sont des mystères, jusques ici, où les hommes ne voient goutte; et que la nature nous a mis au devant des yeux des voiles trop épais pour y connoître quelque chose.

ARGAN.

Les médecins ne savent donc rien, à votre conte?

BÉRALDE.

Si fait, mon frère. Ils savent la plupart de fort belles humanités, savent parler en beau latin, savent nommer en grec toutes les maladies, les définir et les diviser; mais, pour ce qui est de les guérir, c'est ce qu'ils ne savent point du tout.

ARGAN.

Mais toujours faut-il demeurer d'accord que, sur cette matière, les médecins en savent plus que les autres.

BÉRALDE.

Ils savent, mon frère, ce que je vous ai dit,

qui ne guérit pas de grand'chose ; et toute l'excellence de leur art consiste en un pompeux galimatias, en un spécieux babil, qui vous donne des mots pour des raisons, et des promesses pour des effets.

ARGAN.

Mais enfin, mon frère, il y a des gens aussi sages et aussi habiles que vous ; et nous voyons que, dans la maladie, tout le monde a recours aux médecins.

BÉRALDE.

C'est une marque de la foiblesse humaine, et non pas de la vérité de leur art.

ARGAN.

Mais il faut bien que les médecins croyent leur art véritable, puisqu'ils s'en servent pour eux-mêmes.

BÉRALDE.

C'est qu'il y en a parmi eux qui sont eux-mêmes dans l'erreur populaire, dont ils profitent, et d'autres qui en profitent sans y être. Votre monsieur Purgon, par exemple, n'y sait point de finesse ; c'est un homme tout médecin, depuis la tête jusqu'aux pieds ; un homme qui croit à ses règles plus qu'à toutes les démonstrations des mathématiques, et qui croiroit du crime à les vouloir examiner ; qui ne voit rien d'obscur dans la médecine, rien de douteux, rien de difficile; et qui, avec une impétuosité de prévention, une roideur de confiance, une brutalité de sens commun et de raison, donne au travers des purgations et des saignées, et ne balance aucune chose. Il ne lui faut point vouloir mal de tout ce qu'il pourra vous faire : c'est de la meilleure foi du monde qu'il vous expédiera, et il ne fera, en vous tuant, que ce qu'il a fait à sa femme et à ses enfants, et ce qu'en un besoin il feroit à lui-même.

ARGAN.

C'est que vous avez, mon frère, une dent de lait contre lui. Mais, enfin, venons au fait. Que faire donc quand on est malade?

BÉRALDE.

Rien, mon frère.

ARGAN.

Rien ?

BÉRALDE.

Rien. Il ne faut que demeurer en repos. La nature, d'elle-même, quand nous la laissons faire, se tire doucement du désordre où elle est tombée. C'est notre inquiétude, c'est notre impatience, qui gâte tout; et presque tous les hommes meurent de leurs remèdes, et non pas de leurs maladies.

ARGAN.

Mais il faut demeurer d'accord, mon frère,

qu'on peut aider cette nature par de certaines choses.

BÉRALDE.

Mon Dieu, mon frère, ce sont pures idées dont nous aimons à nous repaître ; et de tout temps il s'est glissé parmi les hommes de belles imaginations que nous venons à croire, parce qu'elles nous flattent et qu'il seroit à souhaiter qu'elles fussent véritables. Lors qu'un médecin vous parle d'aider, de secourir, de soulager la nature, de lui ôter ce qui lui nuit et lui donner ce qui lui manque, de la rétablir et de la remettre dans une pleine facilité de ses fonctions ; lors qu'il vous parle de rectifier le sang, de tempérer les entrailles et le cerveau, de dégonfler la rate, de raccommoder la poitrine, de réparer le foie, de fortifier le cœur, de rétablir et conserver la chaleur naturelle, et d'avoir des secrets pour étendre la vie à de longues années, il vous dit justement le roman de la médecine. Mais, quand vous en venez à la vérité et à l'expérience, vous ne trouvez rien de tout cela ; et il en est comme de ces beaux songes, qui ne vous laissent au réveil que le déplaisir de les avoir crus.]

ARGAN.

C'est-à-dire que toute la science du monde est renfermée dans votre tête ; et vous voulez en savoir plus que tous les grands médecins de notre siècle.

BÉRALDE.

Dans les discours et dans les choses, ce sont deux sortes de personnes que vos grands médecins. Entendez-les parler : les plus habiles gens du monde ; voyez-les faire : les plus ignorants de tous les hommes.

ARGAN.

Hoy ! Vous êtes un grand docteur, à ce que je vois ; et je voudrois bien qu'il y eût ici quelqu'un de ces messieurs, pour rembarrer vos raisonnements et rabaisser votre caquet.

BÉRALDE.

Moi, mon frère, je ne prends point à tâche de combattre la médecine ; et chacun, à ses périls et fortune, peut croire tout ce qu'il lui plaît. Ce que j'en dis n'est qu'entre nous ; et j'aurois souhaité de pouvoir un peu vous tirer de l'erreur où vous êtes, et, pour vous divertir, vous mener voir, sur ce chapitre, quelqu'une des comédies de Molière.

ARGAN.

C'est un bon impertinent que votre Molière, avec ses comédies ; et je le trouve bien plaisant d'aller jouer d'honnêtes gens comme les médecins !

BÉRALDE.

Ce ne sont point les médecins qu'il joue, mais le ridicule de la médecine.

ARGAN.

C'est bien à lui à faire, de se mêler de contrôler la médecine! Voilà un bon nigaud, un bon impertinent, de se moquer des consultations et des ordonnances, de s'attaquer au corps des médecins, et d'aller mettre sur son théâtre des personnes vénérables comme ces messieurs-là !

BÉRALDE.

Que voulez-vous qu'il y mette, que les diverses professions des hommes? On y met bien tous les jours les princes et les rois, qui sont d'aussi bonne maison que les médecins.

ARGAN.

Par la mort non de diable ! si j'étois que des médecins, je me vengerois de son impertinence ; et, quand il sera malade, je le laisserois mourir sans secours. Il auroit beau faire et beau dire, je ne lui ordonnerois pas la moindre petite saignée, le moindre petit lavement, et je lui dirois : « Crève, crève ; cela t'apprendra une autre fois à te jouer à la Faculté. »

BÉRALDE.

Vous voilà bien en colère contre lui.

ARGAN.

[Oui, c'est un malavisé, et, si les médecins sont sages, ils feront ce que je dis.

BÉRALDE.

Il sera encore plus sage que vos médecins, car il ne leur demandera point de secours.

ARGAN.

Tant pis pour lui, s'il n'a point recours aux remèdes.

BÉRALDE.

Il a ses raisons pour n'en point vouloir, et il soutient que cela n'est permis qu'aux gens vigoureux et robustes et qui ont des forces de reste pour porter les remèdes avec la maladie ; mais que, pour lui, il n'a justement de la force que pour porter son mal.

ARGAN.

Les sottes raisons que voilà !] Tenez, mon frère, ne parlons point de cet homme-là davantage, car cela m'échauffe la bile, et vous me donneriez mon mal.

BÉRALDE.

Je le veux bien, mon frère ; et, pour changer de discours, je vous dirai que, sur une petite répugnance que vous témoigne votre fille, vous ne devez point prendre les résolutions violentes de la mettre dans un couvent ; que, pour le choix d'un gendre, il ne vous faut pas suivre aveuglément la passion qui vous emporte, et qu'on doit, sur cette matière, s'accommoder un peu à l'inclination d'une fille, puisque c'est pour toute la vie, et que de là dépend tout le bonheur d'un mariage.

SCÈNE IV

MONSIEUR FLEURANT, une seringue à la main ; ARGAN, BÉRALDE.

ARGAN.

Ah ! mon frère, avec votre permission.

BÉRALDE.

Comment ! que voulez-vous faire ?

ARGAN.

Prendre ce petit lavement-là ; ce sera bientôt fait.

BÉRALDE.

Vous vous moquez. Est-ce que vous ne sauriez être un moment sans lavement ou sans médecine ? Remettez cela à une autre fois, et demeurez un peu en repos.

ARGAN.

Monsieur Fleurant, à ce soir, ou à demain au matin.

MONSIEUR FLEURANT, *à Béralde.*

De quoi vous mêlez-vous de vous opposer aux ordonnances de la médecine, et d'empêcher Monsieur de prendre mon clystère? Vous êtes bien plaisant d'avoir cette hardiesse-là!

BÉRALDE.

Allez, Monsieur; on voit bien que vous n'avez pas accoutumé de parler à des visages.

MONSIEUR FLEURANT.

On ne doit point ainsi se jouer des remèdes, et me faire perdre mon temps. Je ne suis venu ici que sur une bonne ordonnance, et je vais dire à monsieur Purgon comme on m'a empêché d'exécuter ses ordres et de faire ma fonction. Vous verrez, vous verrez... (*Il sort.*)

ARGAN.

Mon frère, vous serez cause ici de quelque malheur.

BÉRALDE.

Le grand malheur de ne pas prendre un lavement que monsieur Purgon a ordonné! Encore un coup, mon frère, est-il possible qu'il n'y ait pas moyen de vous guérir de la maladie des médecins, et que vous vouliez être toute votre vie enseveli dans leurs remèdes?

ARGAN.

Mon Dieu, mon frère, vous en parlez comme un homme qui se porte bien; mais, si vous étiez à ma place, vous changeriez bien de langage. Il est aisé de parler contre la médecine quand on est en pleine santé.

BÉRALDE.

Mais quel mal avez-vous?

ARGAN.

Vous me feriez enrager. Je voudrois que vous l'eussiez, mon mal, pour voir si vous jaseriez tant. Ah! voici monsieur Purgon.

SCÈNE V

MONSIEUR PURGON, ARGAN, BÉRALDE, TOINETTE.

MONSIEUR PURGON.

Je viens d'apprendre là-bas, à la porte, de jolies nouvelles : qu'on se moque ici de mes ordonnances, et qu'on a fait refus de prendre le remède que j'avois prescrit.

ARGAN.

Monsieur, ce n'est pas...

MONSIEUR PURGON.

Voilà une hardiesse bien grande, une étrange rébellion d'un malade contre son médecin.

TOINETTE.

Cela est épouvantable.

MONSIEUR PURGON.

Un clystère que j'avois pris plaisir à composer moi-même.

ARGAN.

Ce n'est pas moi...

MONSIEUR PURGON.

Inventé et formé dans toutes les règles de l'art.

TOINETTE.

Il a tort.

MONSIEUR PURGON.

Et qui devoit faire dans les entrailles un effet merveilleux.

ARGAN.

Mon frère?...

MONSIEUR PURGON.

Le renvoyer avec mépris !

ARGAN.

C'est lui...

MONSIEUR PURGON.

C'est une action exorbitante.

TOINETTE.

Cela est vrai.

MONSIEUR PURGON.

Un attentat énorme contre la médecine.

ARGAN.

Il est cause...

MONSIEUR PURGON.

Un crime de lèse-Faculté qui ne se peut assez punir.

TOINETTE.

Vous avez raison.

MONSIEUR PURGON.

Je vous déclare que je romps commerce avec vous.

ARGAN.

C'est mon frère...

MONSIEUR PURGON.

Que je ne veux plus d'alliance avec vous.

TOINETTE.

Vous ferez bien.

MONSIEUR PURGON.

Et que, pour finir toute liaison avec vous, voilà la donation que je faisois à mon neveu en faveur du mariage.

[Il déchire la donation, et en jette les morceaux avec fureur.]

ARGAN.

C'est mon frère qui a fait tout le mal.

MONSIEUR PURGON.

Mépriser mon clystère !

ARGAN.

Faites-le venir, je m'en vais le prendre.

MONSIEUR PURGON.

Je vous aurois tiré d'affaire avant qu'il fût peu.

TOINETTE.

Il ne le mérite pas.

MONSIEUR PURGON.

J'allois nettoyer votre corps, et en évacuer entièrement les mauvaises humeurs.

ARGAN.

Ah ! mon frère !

MONSIEUR PURGON.

Et je ne voulois plus qu'une douzaine de médecines pour vider le fond du sac.

TOINETTE.

Il est indigne de vos soins.

MONSIEUR PURGON.

Mais, puisque vous n'avez pas voulu guérir par mes mains...

ARGAN.

Ce n'est pas ma faute.

MONSIEUR PURGON.

Puisque vous vous êtes soustrait de l'obéissance que l'on doit à son médecin...

TOINETTE.

Cela crie vengeance.

MONSIEUR PURGON.

Puisque vous vous êtes déclaré rebelle aux remèdes que je vous ordonnois...

ARGAN.

Hé ! point du tout.

MONSIEUR PURGON.

J'ai à vous dire que je vous abandonne à votre mauvaise constitution, à l'intempérie de vos entrailles, à la corruption de votre sang, à l'âcreté de votre bile et à la féculence de vos humeurs.

TOINETTE.

C'est fort bien fait.

ARGAN.

Mon Dieu !

MONSIEUR PURGON.

Et je veux qu'avant qu'il soit quatre jours, vous deveniez dans un état incurable.

ARGAN.

Ah ! miséricorde !

MONSIEUR PURGON.

Que vous tombiez dans la bradypepsie...

ARGAN.

Monsieur Purgon !

MONSIEUR PURGON.

De la bradypepsie dans la dyspepsie...

ARGAN.

Monsieur Purgon !

MONSIEUR PURGON.

De la dyspepsie dans l'apepsie...

ARGAN.

Monsieur Purgon !

MONSIEUR PURGON.

De l'apepsie dans la lienterie...

ARGAN.

Monsieur Purgon !

MONSIEUR PURGON.

De la lienterie dans la dysenterie...

ARGAN.

Monsieur Purgon!

MONSIEUR PURGON.

De la dysenterie dans l'hydropisie...

ARGAN.

Monsieur Purgon!

MONSIEUR PURGON.

Et de l'hydropisie dans la privation de la vie, où vous aura conduit votre folie.

SCÈNE VI

ARGAN, BÉRALDE.

ARGAN.

Ah! mon Dieu, je suis mort. Mon frère, vous m'avez perdu.

BÉRALDE.

Quoi? qu'y a-t-il?

ARGAN.

Je n'en puis plus. Je sens déjà que la médecine se venge.

BÉRALDE.

Ma foi, mon frère, vous êtes fou, et je ne voudrois pas, pour beaucoup de choses, qu'on vous vît faire ce que vous faites. Tâtez-vous un peu, je vous prie; revenez à vous-même, et ne donnez point tant à votre imagination.

ARGAN.

Vous voyez, mon frère, les étranges maladies dont il m'a menacé.

BÉRALDE.

Le simple homme que vous êtes!

ARGAN.

Il dit que je deviendrai incurable avant qu'il soit quatre jours.

BÉRALDE.

Et ce qu'il dit, que fait-il à la chose? Est-ce un oracle qui a parlé? Il semble, à vous entendre, que monsieur Purgon tienne dans ses mains le filet de vos jours, et que, d'autorité suprême, il vous l'allonge et vous le raccourcisse comme il lui plaît. Songez que les principes de votre vie sont en vous-même, et que le courroux de monsieur Purgon est aussi peu capable de vous faire mourir, que ses remèdes de vous faire vivre. Voici une aventure, si vous voulez, à vous défaire des médecins; ou, si vous êtes né à ne pouvoir vous en passer, il est aisé d'en avoir un autre, avec lequel, mon frère, vous puissiez courir un peu moins de risque.

ARGAN.

Ah! mon frère, il sait tout mon tempérament, et la manière dont il faut me gouverner.

BÉRALDE.

Il ſaut vous avouer que vous êtes un homme d'une grande prévention, et que vous voyez les choses avec d'étranges yeux.

SCÈNE VII

TOINETTE, ARGAN, BÉRALDE.

TOINETTE.

Monsieur, voilà un médecin qui demande à vous voir.

ARGAN.

Et quel médecin?

TOINETTE.

Un médecin de la médecine.

ARGAN.

Je te demande qui il est.

TOINETTE.

Je ne le connois pas ; mais il me ressemble comme deux gouttes d'eau, et, si je n'étois sûre que ma mère étoit honnête femme, je dirois que ce seroit quelque petit ſrère qu'elle m'auroit donné depuis le trépas de mon père.

ARGAN.

Fais-le venir.

BÉRALDE.

Vous êtes servi à souhait : un médecin vous quitte, un autre se présente.

ARGAN.

J'ai bien peur que vous ne soyez cause de quelque malheur.

BÉRALDE.

Encore ! Vous en revenez toujours là ?

ARGAN.

Voyez-vous, j'ai sur le cœur toutes ces maladies-là que je ne connois point, ces...

SCÈNE VIII

TOINETTE EN MÉDECIN, ARGAN, BÉRALDE.

TOINETTE.

Monsieur, agréez que je vienne vous rendre visite, et vous offrir mes petits services pour toutes les saignées et les purgations dont vous aurez besoin.

ARGAN.

Monsieur, je vous suis fort obligé. [*A Béralde.*] Par ma foi ! voilà Toinette elle-même.

TOINETTE.

Monsieur, je vous prie de m'excuser, j'ai oublié de donner une commission à mon valet, je reviens tout à l'heure.

ARGAN.

Eh! ne diriez-vous pas que c'est effectivement Toinette?

BÉRALDE.

Il est vrai que la ressemblance est tout à fait grande; mais ce n'est pas la première fois qu'on a vu de ces sortes de choses, et les histoires ne sont pleines que de ces jeux de la nature.

ARGAN.

Pour moi, j'en suis surpris, et...

SCÈNE IX

TOINETTE, ARGAN, BÉRALDE.

TOINETTE *quitte son habit de médecin si promptement qu'il est difficile de croire que ce soit elle qui a paru en médecin.*

Que voulez-vous, Monsieur?

ARGAN.

Comment?

TOINETTE.

Ne m'avez-vous pas appelée?

ARGAN.

Moi? non.

TOINETTE.

Il faut donc que les oreilles m'aient corné.

ARGAN.

Demeure un peu ici pour voir comme ce médecin te ressemble.

TOINETTE, *en sortant, dit :*

Oui, vraiment! J'ai affaire là-bas, et je l'ai assez vu.

ARGAN.

Si je ne les voyois tous deux, je croirois que ce n'est qu'un.

BÉRALDE.

J'ai lu des choses surprenantes de ces sortes de ressemblances, et nous en avons vu, de notre temps, où tout le monde s'est trompé.

ARGAN.

Pour moi, j'aurois été trompé à celle-là, et j'aurois juré que c'est la même personne.

SCÈNE X

TOINETTE EN MÉDECIN, ARGAN, BÉRALDE.

TOINETTE.

Monsieur, je vous demande pardon de tout mon cœur.

ARGAN.

Cela est admirable !

TOINETTE.

Vous ne trouverez pas mauvais, s'il vous plaît, la curiosité que j'ai eue de voir un illustre malade comme vous êtes; et votre réputation, qui s'étend partout, peut excuser la liberté que j'ai prise.

ARGAN.

Monsieur, je suis votre serviteur.

TOINETTE.

Je vois, Monsieur, que vous me regardez fixement. Quel âge croyez-vous bien que j'aye ?

ARGAN.

Je crois que tout au plus vous pouvez avoir vingt-six ou vingt-sept ans...

TOINETTE.

Ah ! ah ! ah ! ah ! ah ! J'en ai quatre-vingt-dix.

ARGAN.

Quatre-vingt-dix ?

TOINETTE.

Oui, vous voyez un effet des secrets de mon art, de me conserver ainsi frais et vigoureux.

ARGAN.

Par ma foi ! Voilà un beau jeune vieillard pour quatre-vingt-dix ans.

TOINETTE.

Je suis médecin passager, qui vais de ville en ville, de province en province, de royaume en royaume, pour chercher d'illustres matières à ma capacité, pour trouver des malades dignes de m'occuper, capables d'exercer les grands et beaux secrets que j'ai trouvés dans la médecine. Je dédaigne de m'amuser à ce menu fatras de maladies ordinaires, à ces bagatelles de rhumatismes et de fluxions, à ces fiévrottes, à ces vapeurs et à ces migraines. Je veux des maladies d'importance, de bonnes fièvres continues avec des transports au cerveau, de bonnes fièvres pourprées, de bonnes pestes, de bonnes hydropisies formées, de bonnes pleurésies avec des inflammations de poitrine : c'est là que je me plais, c'est là que je triomphe ; et je voudrois, Monsieur, que vous eussiez toutes les maladies que je viens de dire, que vous fussiez abandonné de tous les médecins, désespéré, à l'agonie, pour vous montrer l'excellence de mes remèdes, et l'envie que j'aurois de vous rendre service.

ARGAN.

Je vous suis obligé, Monsieur, des bontés que vous avez pour moi.

TOINETTE.

Donnez-moi votre pouls. Allons donc, que l'on batte comme il faut. Ahy ! je vous ferai bien aller comme vous devez. Hoy ! ce pouls-là fait l'impertinent : je vois bien que vous ne me connoissez pas encore. Qui est votre médecin ?

ARGAN.

Monsieur Purgon.

TOINETTE.

Cet homme-là n'est point écrit sur mes tablettes entre les grands médecins. De quoi dit-il que vous êtes malade ?

ARGAN.

Il dit que c'est du ſoie, et d'autres disent que c'est de la rate.

TOINETTE.

Ce sont tous des ignorants. C'est du poumon que vous êtes malade.

ARGAN.

Du poumon ?

TOINETTE.

Oui. Que sentez-vous ?

ARGAN.

Je sens de temps en temps des douleurs de tête.

TOINETTE.

Justement, le poumon.

ARGAN.

Il me semble parfois que j'ai un voile devant les yeux.

TOINETTE.

Le poumon.

ARGAN.

J'ai quelqueſois des maux de cœur.

TOINETTE.

Le poumon.

ARGAN.

Je sens parfois des lassitudes par tous les membres.

TOINETTE.

Le poumon.

ARGAN.

Et quelquefois il me prend des douleurs dans le ventre, comme si c'étoit des coliques.

TOINETTE.

Le poumon. Vous avez appétit à ce que vous mangez ?

ARGAN.

Oui, Monsieur.

TOINETTE.

Le poumon. Vous aimez à boire un peu de vin ?

ARGAN.

Oui, Monsieur.

TOINETTE.

Le poumon. Il vous prend un petit sommeil après le repas, et vous êtes bien aise de dormir ?

ARGAN.

Oui, Monsieur.

TOINETTE.

Le poumon, le poumon, vous dis-je. Que vous ordonne votre médecin pour votre nourriture ?

ARGAN.

Il m'ordonne du potage.

TOINETTE.

Ignorant !

ARGAN.

De la volaille.

TOINETTE.

Ignorant !

ARGAN.

Du veau.

TOINETTE.

Ignorant !

ARGAN.

Des bouillons.

TOINETTE.

Ignorant !

ARGAN.

Des œufs frais.

TOINETTE.

Ignorant !

ARGAN.

Et, le soir, de petits pruneaux pour lâcher le ventre.

TOINETTE.

Ignorant !

ARGAN.

Et surtout de boire mon vin fort trempé.

TOINETTE.

Ignorantus, ignoranta, ignorantum ! Il faut boire votre vin pur ; et, pour épaissir votre sang, qui est trop subtil, il faut manger de bon gros bœuf, de bon gros porc, de bon fromage de Hollande, du gruau et du riz, et des marrons et des oublies, pour coller et conglutiner. Votre médecin est une bête. Je veux vous en envoyer un de ma main, et je viendrai vous voir de temps en temps, tandis que je serai en cette ville.

ARGAN.

Vous m'obligez beaucoup.

TOINETTE.

Que diantre faites-vous de ce bras-là ?

ARGAN.

Comment ?

TOINETTE.

Voilà un bras que je me ferois couper tout à l'heure, si j'étois que de vous.

ARGAN.

Et pourquoi ?

TOINETTE.

Ne voyez-vous pas qu'il tire à soi toute la nourriture, et qu'il empêche ce côté-là de profiter ?

ARGAN.

Oui, mais j'ai besoin de mon bras.

TOINETTE.

Vous avez là aussi un œil droit que je me ferois crever, si j'étois en votre place.

ARGAN.

Crever un œil ?

TOINETTE.

Ne voyez-vous pas qu'il incommode l'autre et lui dérobe sa nourriture ? Croyez-moi, faites-vous-le crever au plus tôt, vous en verrez plus clair de l'œil gauche.

ARGAN.

Cela n'est pas pressé.

TOINETTE.

Adieu. Je suis fâché de vous quitter sitôt, mais il faut que je me trouve à une grande consultation qui se doit faire pour un homme qui mourut hier.

ARGAN.

Pour un homme qui mourut hier ?

TOINETTE.

Oui, pour aviser et voir ce qu'il auroit fallu lui faire pour le guérir. Jusqu'au revoir.

ARGAN.

Vous savez que les malades ne reconduisent point.

BÉRALDE.

Voilà un médecin vraiment qui paroit fort habile.

ARGAN.

Oui, mais il va un peu bien vite.

BÉRALDE.

Tous les grands médecins sont comme cela.

ARGAN.

Me couper un bras, et me crever un œil, afin que l'autre se porte mieux ! J'aime bien mieux qu'il ne se porte pas si bien. La belle opération, de me rendre borgne et manchot !

SCÈNE XI

TOINETTE, ARGAN, BÉRALDE.

TOINETTE, [*feignant de parler à quelqu'un*].

Allons, allons, je suis votre servante. Je n'ai pas envie de rire.

ARGAN.

Qu'est-ce que c'est ?

TOINETTE.

Votre médecin, ma foi, qui me vouloit tâter le pouls.

ARGAN.

Voyez un peu, à l'âge de quatre-vingt-dix ans !

BÉRALDE.

Oh çà, mon frère, puisque voilà votre monsieur Purgon brouillé avec vous, ne voulez-vous pas bien que je vous parle du parti qui s'offre pour ma nièce ?

ARGAN.

Non, mon frère, je veux la mettre dans un couvent puisqu'elle s'est opposée à mes volontés. Je vois bien qu'il y a quelque amourette là-dessous, et j'ai découvert certaine entrevue secrète qu'on ne sait pas que j'ai découverte.

BÉRALDE.

Hé bien ! mon frère, quand il y auroit quelque petite inclination, cela seroit-il si criminel, et rien peut-il vous offenser, quand tout ne va qu'à des choses honnêtes comme le mariage ?

ARGAN.

Quoi qu'il en soit, mon frère, elle sera religieuse ; c'est une chose résolue.

BÉRALDE.

Vous voulez faire plaisir à quelqu'un.

ARGAN.

Je vous entends. Vous en revenez toujours là, et ma femme vous tient au cœur.

BÉRALDE.

Hé bien ! oui, mon frère, puisqu'il faut parler à cœur ouvert, c'est votre femme que je veux dire ; et, non plus que l'entêtement de la médecine, je ne puis vous souffrir l'entêtement où vous êtes pour elle, et voir que vous donniez tête baissée dans tous les pièges qu'elle vous tend.

TOINETTE.

Ah! Monsieur, ne parlez point de Madame, c'est une femme sur laquelle il n'y a rien à dire, une femme sans artifice, et qui aime Monsieur, qui l'aime... on ne peut pas dire cela.

ARGAN.

Demandez-lui un peu les caresses qu'elle me fait.

TOINETTE.

Cela est vrai.

ARGAN.

L'inquiétude que lui donne ma maladie.

TOINETTE.

Assurément.

ARGAN.

Et les soins et les peines qu'elle prend autour de moi.

TOINETTE.

Il est certain. [*A Béralde.*] Voulez-vous que je vous convainque, et vous fasse voir tout à l'heure comme Madame aime Monsieur ? [*A Argan.*] Monsieur, souffrez que je lui montre son bec jaune, et le tire d'erreur.

ARGAN.

Comment?

TOINETTE.

Madame s'en va revenir. Mettez-vous tout étendu dans cette chaise, et contrefaites le mort.

Vous verrez la douleur où elle sera quand je lui dirai la nouvelle.

ARGAN.

Je le veux bien.

TOINETTE.

Oui, mais ne la laissez pas longtemps dans le désespoir, car elle en pourroit bien mourir.

ARGAN.

Laisse-moi faire.

TOINETTE, *à Béralde.*

Cachez-vous, vous, dans ce coin-là.

ARGAN.

N'y a-t-il point quelque danger à contrefaire le mort ?

TOINETTE.

Non, non. Quel danger y auroit-il ? Étendez-vous là seulement. (*Bas.*) Il y aura plaisir à confondre votre frère. Voici Madame. Tenez-vous bien.

SCÈNE XII

BÉLINE, TOINETTE, ARGAN, BÉRALDE.

TOINETTE, *s'écrie.*

Ah ! mon Dieu ! ah ! malheur ! quel étrange accident !

BÉLINE.

Qu'est-ce, Toinette ?

TOINETTE.

Ah ! Madame !

BÉLINE.

Qu'y a-t-il ?

TOINETTE.

Votre mari est mort.

BÉLINE.

Mon mari est mort ?

TOINETTE.

Hélas ! oui. Le pauvre défunt est trépassé.

BÉLINE.

Assurément ?

TOINETTE.

Assurément. Personne ne sait encore cet accident-là, et je me suis trouvée ici toute seule. Il vient de passer entre mes bras. Tenez, le voilà tout de son long dans cette chaise.

BÉLINE.

Le Ciel en soit loué ! Me voilà délivrée d'un grand fardeau. Que tu es sotte, Toinette, de t'affliger de cette mort !

TOINETTE.

Je pensois, Madame, qu'il fallût pleurer.

BÉLINE.

Va, va, cela n'en vaut pas la peine. Quelle perte est-ce que la sienne, et de quoi servoit-il sur la terre ? Un homme incommode à tout le monde, malpropre, dégoûtant, sans cesse un lavement ou une médecine dans le ventre, mouchant, toussant, crachant toujours, sans esprit, ennuyeux, de mauvaise humeur, fatiguant sans cesse les gens, et grondant jour et nuit servantes et valets.

TOINETTE.

Voilà une belle oraison funèbre.

BÉLINE.

Il faut, Toinette, que tu m'aides à exécuter mon dessein, et tu peux croire qu'en me servant ta récompense est sûre. Puisque, par un bonheur, personne n'est encore averti de la chose, portons-le dans son lit, et tenons cette mort cachée jusqu'à ce que j'aye fait mon affaire. Il y a des papiers, il y a de l'argent, dont je me veux saisir, et il n'est pas juste que j'aye passé sans fruit auprès de lui mes plus belles années. Viens, Toinette ; prenons auparavant toutes ses clefs.

ARGAN, *se levant brusquement.*

Doucement.

BÉLINE, *surprise et épouvantée.*

Ahy !

ARGAN.

Oui, Madame ma femme, c'est ainsi que vous m'aimez ?

TOINETTE.

Ah ! ah ! le défunt n'est pas mort.

ARGAN, *à Béline, qui sort.*

Je suis bien aise de voir votre amitié, et d'avoir entendu le beau panégyrique que vous avez fait de moi. Voilà un avis au lecteur qui me rendra sage à l'avenir, et qui m'empêchera de faire bien des choses.

BÉRALDE, *sortant de l'endroit où il étoit caché.*

Hé bien, mon frère, vous le voyez.

TOINETTE.

Par ma foi ! je n'aurois jamais cru cela. Mais j'entends votre fille : remettez-vous comme vous étiez, et voyons de quelle manière elle recevra votre mort. C'est une chose qu'il n'est pas mauvais d'éprouver ; et, puisque vous êtes en train, vous connaîtrez par là les sentiments que votre famille a pour vous.

[Béralde va encore se cacher.]

SCÈNE XIII

ANGÉLIQUE, ARGAN, TOINETTE, BÉRALDE.

TOINETTE *s'écrie.*

O Ciel ! ah ! fâcheuse aventure ! malheureuse journée !

ANGÉLIQUE.

Qu'as-tu, Toinette, et de quoi pleures-tu ?

TOINETTE.

Hélas ! j'ai de tristes nouvelles à vous donner.

ANGÉLIQUE.

Hé quoi ?

TOINETTE.

Votre père est mort.

ANGÉLIQUE.

Mon père est mort, Toinette ?

TOINETTE.

Oui, vous le voyez là. Il vient de mourir tout à l'heure d'une faiblesse qui lui a pris.

ANGÉLIQUE.

O Ciel, quelle infortune ! quelle atteinte cruelle ! Hélas ! faut-il que je perde mon père, la seule chose qui me restoit au monde ! et qu'encore, pour un surcroît de désespoir, je le perde dans un moment où il étoit irrité contre moi ! Que deviendrai-je, malheureuse, et quelle consolation trouver après une si grande perte ?

SCÈNE XIV ET DERNIÈRE

CLÉANTE, ANGÉLIQUE, ARGAN, TOINETTE, BÉRALDE.

CLÉANTE.

Qu'avez-vous donc, belle Angélique ? et quel malheur pleurez-vous ?

ANGÉLIQUE.

Hélas ! je pleure tout ce que dans la vie je pouvois perdre de plus cher et de plus précieux. Je pleure la mort de mon père.

CLÉANTE.

O Ciel ! quel accident ! [quel coup inopiné !] Hélas ! après la demande que j'avois conjuré votre oncle de lui faire pour moi, [je venois me présenter à lui, et tâcher, par mes respects et par mes prières, de disposer son cœur à vous accorder à mes vœux.]

ANGÉLIQUE.

Ah ! Cléante, ne parlons plus de rien. Laissons là toutes les pensées du mariage. Après la perte de mon père, je ne veux plus être du monde, et j'y renonce pour jamais. Oui, mon père, si j'ai résisté tantôt à vos volontés, je veux suivre du moins une de vos intentions, et réparer par là le chagrin que je m'accuse de vous avoir donné. [*Se jetant à genoux.*] Souffrez, mon père, que je vous en donne ici ma parole et que je vous embrasse pour vous témoigner mon ressentiment.

ARGAN *se lève.*

Ah ! ma fille !

ANGÉLIQUE, *épouvantée.*

Ahi !

ARGAN.

Viens. N'aie point de peur, je ne suis pas mort. Va, tu es mon vrai sang, ma véritable fille, et je suis ravi d'avoir vu ton bon naturel.

ANGÉLIQUE.

Ah ! quelle surprise agréable, mon père ! Puisque, par un bonheur extrême, le Ciel vous redonne à mes vœux, souffrez qu'ici je me jette à vos pieds pour vous supplier d'une chose. Si vous n'êtes pas favorable au penchant de mon cœur, si vous me refusez Cléante pour époux, je vous conjure, au moins, de ne me point forcer d'en épouser un autre. C'est toute la grâce que je vous demande.

CLÉANTE *se jette à genoux.*

Eh ! Monsieur, laissez-vous toucher à ses prières et aux miennes, et ne vous montrez point contraire aux mutuels empressements d'une si belle inclination.

BÉRALDE.

Mon frère, pouvez-vous tenir là contre ?

TOINETTE.

Monsieur, serez-vous insensible à tant d'amour?

ARGAN.

Qu'il se fasse médecin, je consens au mariage. Oui, faites-vous médecin, je vous donne ma fille.

CLÉANTE.

Très volontiers, Monsieur ; s'il ne tient qu'à cela pour être votre gendre, je me ferai médecin, apothicaire si vous voulez. [Ce n'est pas une affaire que cela, et je ferois bien d'autres choses pour obtenir la belle Angélique.]

BÉRALDE.

Mais, mon frère, il me vient une pensée. Faites-vous médecin vous-même. La commodité sera encore plus grande, d'avoir en vous tout ce qu'il vous faut.

TOINETTE.

Cela est vrai. Voilà le vrai moyen de vous guérir bientôt ; et il n'y a point de maladie si osée que de se jouer à la personne d'un médecin.

ARGAN.

Je pense, mon frère, que vous vous moquez de moi. Est-ce que je suis en âge d'étudier ?

BÉRALDE.

Bon, étudier ! Vous êtes assez savant ; et il y

en a beaucoup parmi eux qui ne sont pas plus habiles que vous.

ARGAN.

Mais il faut savoir bien parler latin, connoître les maladies, et les remèdes qu'il y faut faire.

BÉRALDE.

En recevant la robe et le bonnet de médecin, vous apprendrez tout cela, et vous serez après plus habile que vous ne voudrez.

ARGAN.

Quoi ! l'on sait discourir sur les maladies quand on a cet habit-là ?

BÉRALDE.

Oui. L'on n'a qu'à parler ; avec une robe et un bonnet, tout galimatias devient savant, et toute sottise devient raison.

TOINETTE.

Tenez, Monsieur, quand il n'y auroit que votre barbe, c'est déjà beaucoup, et la barbe fait plus de la moitié d'un médecin.

CLÉANTE.

En tout cas, je suis prêt à tout.

BÉRALDE.

Voulez-vous que l'affaire se fasse tout à l'heure ?

ARGAN.

Comment, tout à l'heure ?

BÉRALDE.

Oui, et dans votre maison.

ARGAN.

Dans ma maison?

BÉRALDE.

Oui. Je connois une Faculté de mes amies qui viendra tout à l'heure en faire la cérémonie dans votre salle. Cela ne vous coûtera rien.

ARGAN.

Mais moi, que dire? que répondre?

BÉRALDE.

On vous instruira en deux mots, et l'on vous donnera par écrit ce que vous devez dire. Allez-vous-en vous mettre en habit décent, je vais les envoyer quérir.

ARGAN.

Allons, voyons cela.

[*Il sort.*]

CLÉANTE, [*à Béralde*].

Que voulez-vous dire? Et qu'entendez-vous avec cette Faculté de vos amies?

TOINETTE.

Quel est donc votre dessein?

BÉRALDE.

De nous divertir un peu ce soir. Les comédiens ont fait un petit intermède de la réception d'un médecin [avec des danses et de la musique]; je veux que nous en prenions ensemble le divertissement, et que mon frère y fasse le premier personnage.

ANGÉLIQUE.

Mais, mon oncle, il me semble que vous vous jouez un peu beaucoup de mon père.

BÉRALDE.

Mais, ma nièce, ce n'est pas tant le jouer que s'accommoder à ses fantaisies. Tout ceci n'est qu'entre-nous. [Nous y pouvons aussi prendre chacun un personnage, et nous donner ainsi la comédie les uns aux autres. Le carnaval autorise cela]. Allons vite préparer toutes choses.

CLÉANTE, *à Angélique.*

Y consentez-vous ?

ANGÉLIQUE.

Oui, puisque mon oncle nous conduit.

TROISIÈME INTERMÈDE

C'est une cérémonie burlesque d'un homme qu'on fait médecin, en récit, chant et danse.

ENTRÉE DE BALLET.

Plusieurs tapissiers viennent préparer la salle et placer les bancs en cadence. Ensuite de quoi toute l'assemblée (composée de huit porte-seringues, six apothicaires, vingt-deux docteurs, et celui qui se fait recevoir médecin, huit chirurgiens dansant et deux chantant), chacun entre et prend ses places selon son rang.

PRÆSES.

Savantissimi Doctores,
Medicinæ professores,
Qui hic assemblati estis;
Et vos, altri Messiores,
Sententiarum Facultatis
Fideles executores,

Chirurgiani et Apothicari,
Atque tota compania aussi,
Salus, honor et argentum,
Atque bonum appetitum.

ℋ

Non possum, docti Confreri,
En moi satis admirari
Qualis bona inventio
Est medici professio;
Quam bella chosa est et bene trovata,
Medicina illa benedicta,
Quæ, suo nomine solo,
Surprenanti miraculo,
Depuis si longo tempore,
Facit à gogo vivere
Tant de gens omni genere.

ℋ

Per totam terram videmus
Grandam vogam ubi sumus,
Et quod grandes et petiti
Sunt de nobis infatuti :
Totus mundus, currens ad nostros remedios,
Nos regardat sicut Deos,
Et nostris ordonnanciis
Principes et reges soumissos videtis

❧

Doncque il est nostræ sapientiæ,
Boni sensus atque prudentiæ,
De fortement travaillare
A nos bene conservare
In tali credito, voga et honore,
Et prendere gardam à non recevere
In nostro docto corpore
Quam personas capabiles,
Et totas dignas remplire
Has plaças honorabiles.

❧

C'est pour cela que nunc convocati estis.
Et credo quod trovabitis
Dignam matieram medici
In savanti homine que voici :
Lequel, in chosis omnibus,
Dono ad interrogandum
Et à fond examinandum
Vostris capacitatibus.

PRIMUS DOCTOR.

Si mihi licenciam dat Dominus Præses,
Et tanti docti Doctores,

Et assistantes illustres,
Très savanti Bacheliero,
Quem estimo et honoro,
Domandabo causam et rationem quare
Opium facit dormire ?

BACHELIERUS.

Mihi à docto Doctore
Domandatur causam et rationem quare
Opium facit domire?
A quoi respondeo :
Quia est in eo
Virtus dormitiva,
Cujus est natura
Sensus assoupire.

CHORUS.

Bene, bene, bene, bene respondere :
Dignus, dignus est intrare
In nostro docto corpore.

SECUNDUS DOCTOR.

Cum permissione Domini Præsidis,
Doctissimæ Facultatis,
Et totius his nostris actis
Companiæ assistantis,
Domandabo tibi, docte Bacheliere,
Quæ sunt remedia,
Quæ in maladia

Ditte hydropisia
Convenit facere ?

BACHELIERUS.

Clysterium donare,
Postea seignare,
Ensuitta purgare.

CHORUS.

Bene, bene, bene, bene respondere :
Dignus, dignus est intrare
In nostro docto corpore.

TERTIUS DOCTOR.

Si bonum semblatur Domino Præsidi,
Doctissimæ Facultati
Et companiæ præsenti,
Domandabo tibi, docte Bacheliere,
Quæ remedia eticis,
Pulmonicis atque asmaticis,
Trovas à propos facere ?

BACHELIERUS.

Clysterium donare,
Postea seignare,
Ensuitta purgare.

CHORUS.

Bene, bene, bene, bene respondere :

Dignus, dignus est intrare
In nostro docto corpore.

QUARTUS DOCTOR.

Super illas maladias,
Doctus Bachelierus dixit maravillas;
Mais, si non ennuyo Dominum Præsidem,
Doctissimam Facultatem,
Et totam honorabilem
Companiam ecoutantem,
Faciam illi unam quæstionem :
Des hiero maladus unus
Tombavit in meas manus ;
Habet grandam fievram cum redoublamentis,
Grandam dolorem capitis,
Et grandum malum au côté,
Cum granda difficultate
Et pena à respirare :
Veillas mihi dire,
Docte Bacheliere,
Quid illi facere ?

BACHELIERUS.

Clysterium donare,
Postea seignare,
Ensuitta purgare.

QUINTUS DOCTOR.

Mais si maladia

Opiniatria
Non vult se garire,
Quid illi facere ?

BACHELIERUS.

Clysterium donare,
Postea seignare,
Ensuitta purgare.

CHORUS.

Bene, bene, bene, bene respondere :
Dignus, dignus est intrare
In nostro docto corpore.

PRÆSES.

Juras gardare statuta
Per Facultatem præscripta,
Cum sensu et jugeamento ?

BACHELIERUS.

Juro.

PRÆSES.

Essere in omnibus
Consultationibus
Ancieni aviso,
Aut bono,
Aut mauvaiso ?

BACHELIERUS.

Juro.

PRÆSES.

De non jamais te servire
De remediis aucunis
Quam de ceux seulement doctæ Facultatis ;
Maladus dût-il crevare
Et mori de suo malo ?

BACHELIERUS.

Juro.

PRÆSES.

Ego, cum isto boneto
Venerabili et docto,
Dono tibi et concedo
Virtutem et puissanciam
Medicandi,
Purgandi,
Seignandi,
Perçandi,
Taillandi,
Coupandi,
Et occidendi
Impune per totam terram.

ENTRÉE DE BALLET.

Tous les chirurgiens et apothicaires viennent lui faire la révérence en cadence.

BACHELIERUS.

Grandes doctores doctrinæ
De la rhubarbe et du séné,
Ce seroit sans douta à moi chosa folla,
Inepta et ridicula,
Si j'alloibam m'engageare
Vobis louangeas donare,
Et entreprenoibam adjoutare
Des lumieras au soleillo
Et des etoilas au cielo,
Des ondas à l'Oceano
Et des rosas au printanno ;
Agreate qu'avec uno moto,
Pro toto remercimento,
Rendam gratias corpori tam docto.
Vobis, vobis debeo
Bien plus qu'à naturæ et qu'à patri meo :
Natura et pater meus
Hominem me habent factum ;
Mais vos me, ce qui est bien plus,
Avetis factum medicum.
Honor, favor, et gratia,

Qui in hoc corde que voilà
Imprimant ressentimenta
Qui dureront in secula.

[CHORUS.

Vivat, vivat, vivat, vivat, cent fois vivat
Novus Doctor, qui tam bene parlat !
Mille, mille annis, et manget, et bibat,
Et seignet, et tuat !

ENTRÉE DE BALLET.

Tous les chirurgiens et les apothicaires dansent au son des instruments et des voix, et des battements de mains, et des mortiers d'apothicaires.

CHIRURGUS.

Puisse-t-il voir doctas
Suas ordonnancias
Omnium chirurgorum
Et apotiquarum
Remplire boutiquas.

CHORUS.

Vivat, vivat, vivat, vivat, cent fois vivat
Novus Doctor, qui tam bene parlat !
Mille, mille annis, et manget, et bibat,
Et seignet, et tuat !

CHIRURGUS.

Puissent toti anni
Lui essere boni
Et favorabiles,
Et n'habere jamais
Quam pestas, verolas,
Fievras, pluresias,
Fluxus de sang et dyssenterias.

CHORUS.

Vivat, vivat, vivat, vivat, cent fois vivat
Novus Doctor, qui tam bene parlat !
Mille, mille annis, et manget, et bibat,
Et seignet, et tuat !]

DERNIÈRE ENTRÉE DE BALLET.

Des médecins, des chirurgiens et des apothicaires, qui sortent tous, selon leur rang, en cérémonie, comme ils sont entrés.

NOTES

PREMIER PROLOGUE.

Page 3, ligne 4. *Les exploits victorieux.* Allusion à la récente campagne de Hollande (avril-août 1672) : passage du Rhin (12 juin), reddition de Nimègue (9 juillet).

AUTRE PROLOGUE.

13, 6. *Faunes et Œgypans.* — Divinités champêtres. Les premiers avaient des oreilles de chèvre, et une petite queue. Les Œgypans étaient des satyres, moitié hommes, moitié boucs.

ACTE PREMIER.

17, 4. *Parties.* — Mémoire, compte détaillé de fournitures. — M. Brièle (t. IV, p. 301 de l'*Inventaire des Archives de l'Assistance publique*) a publié les « Parties fournies pour la personne de Mgr l'Eminentissime Cardinal duc de Richelieu, durant l'année 1635, par Perdreau, appoticaire de mond. Seign. ». — C'est un total de 75 clystères, 127 bols de casse, médecines laxatives et bouteilles de tisane, montant à 1,401 livres 14 sols.

Le *Moliériste* de janvier 1880 (I, 393) a publié un curieux *Compte d'apothicaire au temps de Molière*, retrouvé à Carcassonne. Ce sont les « parties » d'un M. Parra, de Montredon, de 1645 à 1658.

L'*Intermédiaire* du 10 avril 1875 avait donné un mémoire de l'apothicaire Geoffroy pour 1661, et la *Science pour tous* a publié, sous la signature A. G., un article sur *la Médecine et l'Apothicairerie aux* XVIIe *et* XVIIIe *siècles*, dans lequel est analysé un livre de comptes tenu par l'apothicaire Barthemy en 1701. Voir encore la *Haute-Marne* du 7 février 1856, *le Progrès médical* du 10 avril 1886, et *Un apothicaire Verviétois au* XVIIe *siècle*, par A. Weber (Verviers, 1894).

17, 5. *Avec des jetons* — Rondelles de cuivre ou de laiton dont on se servait pour calculer des sommes.

— 10. *Clystère insinuatif* — qui fait pénétrer.

— — *Rémollient* — émollient. Cf. *Amour médecin* (II, 5).

18, 6. *Détersif* — propre à déterger, c'est-à-dire à nettoyer, purifier. Cf. *Amour médecin* (II, 5).

— 7. *Catholicon double* — « Électuaire de sené et de rhubarbe, que l'on croyait propre à toutes sortes de maladies » (Littré).

— 11. *Julep hépatique*, sirop bon pour le foie.

— 17. *Médecine corroborative*, qui donne de la force, du ton (Littré).

— — *Casse récente* — pulpe fraîche ou nouvellement préparée des fruits du canéficier (*cassia fistula*).

— 18. *Sené levantin* — médicament purgatif qui vient d'Égypte et du Levant.

— 28. *Carminatif* — qui chasse les vents (*carmina*).

19, 9. *Petit-lait dulcoré* — ou édulcoré, additionné de sucre, de miel ou de sirop.

— 13. *Douze grains* — le grain était un petit poids, représentant la 72e partie d'un gros, la 24e d'un scrupule, et équivalant à 0 gr. 0532.

— — *De bézoard* — concrétion calculeuse qu'on trouve dans l'estomac de plusieurs animaux d'Orient. En 1623, Laurens Catelan avait publié à Montpellier un *Traité de l'origine, vertus, propriétez et usage de la pierre bézoar,* « le plus excellent antidote contre toute sorte de venins et de maladies contagieuses ».

— 14. *Limon.* Sorte de citron aigre, long et à écorce mince.

20, 21. *Carogne.* Le mot était alors d'un usage courant. La *Carte du Pays de Braquerie* (1668) indique la Coquette et la *Carogne* comme deux rivières principales du pays des Braques.

21, 2. *La carne d'un volet* — angle extérieur ou saillant.

— 23. *Çamon.* — Cf. *Bourgeois Gentilhomme* (III, 3), pour c'est mon (c'est mon avis), selon Furetière.
Une note du *Cymbalum mundi* (p. 240) dit que « la conjecture de Furetière n'est pas juste, parce qu'elle ne peut s'appliquer aux autres façons de parler où entre *c'est mon.* Pamphagus (dialogue IV) ayant dit : « Voilà bien des nouvelles », et Hylactor répondant : « *C'est mon*, et merveilleuses », il est aisé de voir que c'est une allusion à *monts et merveilles* ».

23, 17. *Une bonne vache à lait.* — Cf. *Bourgeois Gentilhomme* (III, 4) : « Cet homme-là fait de vous *une vache à lait.* »

30, 1. *Aheurtée à cela* — opiniâtrement attachée. « Les Pédans sont des gens *aheurtés* à quelques observations inutiles, pour lesquelles ils se tiennent plus fiers que s'ils possédaient la véritable science. » (*Le Nouveau Parnasse, ou les Muses Galantes*, p. 14 des *Œuvres diverses ou Discours meslez*, par M. D. S. (Sorel), Paris, 1663, in-12.

33, 5. *Gendre prétendu* — gendre futur. Cf. *Avare* (IV, 2), *Pourceaugnac* (II, 6) et plus loin, p. 77, l. 2 : « Son *prétendu* mari. »

— 7, *Toute ébaubie* ou ébobie. Cf. *Tartuffe* (V, 2) :

« Je suis *toute ébaubie*, et je tombe des nues. »

36, 10. *Et je veux, moi, que cela soit.* Toute cette partie de scène est reproduite des *Fourberies de Scapin* (I. 6).

49, 3. *Et cet ami ensuite lui rendra tout.* C'est ce qu'on appelle, en droit, un fidéicommis.

50, 23. *Le lambris de mon alcôve* — revêtement de menuiserie appliqué sur le mur intérieur.

52. La scène VII est coupée à la représentation.

INTERMÈDE.

62, 20. *Par la sang.* — Cf. *Fourberies de Scapin* (II, 6).

66, 27. *D'avoir trente croquignoles* — chiquenaudes données sur la tête ou sur le nez, nasardes.

ACTE DEUXIÈME.

82, 13. *La Statue de Memnon.* — A l'assemblée des notables du 2 décembre 1626, ouverte par le Roi en personne, dans la grande salle des Tuileries, le garde des sceaux, Michel de Marillac, compara le Roi *à la Statue de Memnon* qui rendait de bons conseils lorsqu'elle était frappée par la lumière céleste. V. aussi, dans le *Moliériste* de novembre 1882, p. 232, un article de M. Larroumet.

— 20. *Dores en avant* — forme étymologique et surannée de dorénavant.

83, 15. *Des sièges à tout le monde.* Toinette donne à Thomas une petite chaise d'enfant, sur laquelle se juche le grand dadais.

85, 6. *La circulation du sang.* Les expériences du médecin anglais Harvey remontaient à 1619.

— 7. *De même farine.* Le comédien ajoute : « *ejusdem farinæ* ».

— 8. *Grande thèse roulée.* Les thèses étaient alors souvent imprimées sur une grande feuille de vélin ou de soie.

— 19. *Pour l'image.* Les thèses étaient parfois ornées d'un frontispice gravé, emblèmes, armoiries, ou portrait d'un protecteur. On en trouve dans l'œuvre d'A. Bosse, de F. Chauveau, de R. Nanteuil, Cl. Mellan, Blœmaert, Ph. de Champaigne, Lesueur, Le Brun. (Voir sur ce sujet l'*Iconographie des Thèses*, par F. Pouy, Paris, Baur et Detaille, in-8°, 1869, et *Quelques thèses à image*, par M. le Dr Turner, 1879.)

87. *Traiter les gens dans les formes.* Mourir « dans les formes » avait été l'expression même de Madame Henriette rendant le dernier soupir dans les bras de Bossuet.

88, 18. A ce récit, très long, les comédiens ont depuis longtemps substitué le suivant :

« Un berger avait rendu, dans un spectacle, un service essentiel à une jeune bergère, qu'il trouva la plus belle du monde ; il en devint éperdûment amoureux. Son amour lui fait prendre la résolution de la demander en mariage. Après avoir obtenu son aveu, il s'introduit adroitement chez le père. Il y trouve un indigne rival, qui lui est préféré. Cette vue l'enflamme de colère ; et, après avoir tendrement regardé celle qu'il adore, sa tendresse le fait parler ainsi :

(*Il chante.*)

Hélas ! belle Philis, etc. »

95, 11. *Touchez dans la main de monsieur.* Cf. *Femmes Savantes* (III, 6) :

« Otez ce gand. *Touchez à Monsieur dans la main.* »

97, 18. *Frais émoulu* — nouvellement aiguisé.

99, 13. *Gagner des douaires,* portion de biens donnée à la femme par son mari à l'occasion du mariage, et dont elle jouit pour son entretien après la mort du mari.

102, 4. *Un peu caprisant.* Les comédiens disent : *capricant.* Sautillant et brusque comme la chèvre (*capra*).

— 8. *Parenchyme splénique.* Substance propre à la rate (σπλήν).

— 17. *Vas breve.* Vaisseau court, placé au fond de l'estomac.

— — *Pylore.* Ouverture inférieure de l'estomac, communiquant avec l'intestin.

— 18. *Méats cholydoques* ou cholédoques — conduits qui versent la bile (χολή) dans le duodenum.

104, 21. *Le conte de Peau d'Ane.* Il ne s'agit pas ici du conte de Perrault, qui ne fut mis au jour pour la première fois (en vers) qu'en 1694, dans la 1re partie du 1er volume du *Recueil de pièces curieuses et nouvelles tant en prose qu'en vers* (La Haye, A. Mœtjens, 1694-1701. 30 parties en 5 vol,, petit in-12), mais du récit populaire dont La Fontaine disait :

« Si *Peau d'Ane* m'était conté,
J'y prendrais un plaisir extrême. »

104, 22. *La fable du Corbeau et du Renard.* La seconde du Ier livre de La Fontaine qui avait paru en 1668.

118, 16. *Un médecin à notre poste* — en notre pouvoir (*potestas*), à notre dévotion.

ACTE TROISIÈME.

125, 13. *Une dent de lait.* Une haine très ancienne.

128, 2. *C'est bien à lui à faire* — pour : c'est bien à faire à lui.

— 14. *Par la mort non de diable* — par la mort, non pas du diable, mais de Dieu ! par la mordieu !

135, 27. *La féculence de vos humeurs*, état trouble et épais.

136, 11. *La bradypepsie* — digestion lente et difficile (Littré).

— 15. *Dyspepsie* — mauvaise digestion. Sorte de gastrite.

— 19. *L'apepsie* — digestion pénible, incomplète; défaut de digestion.

— 23. *La lienterie* — diarrhée dans laquelle on rend les aliments à demi-digérés.

— 27. *La dysenterie* — inflammation du gros intestin.

137, 4. *L'hydropisie* — enflure, avec épanchement de liquide, causée par les maladies du foie, de l'estomac, des intestins, etc.

148, 7. *Conglutiner*, synonyme de coller (*gluten*, colle).

151, 21. *Lui montre son bec jaune* — son ignorance, son erreur. Cf. *Don Juan* (II, 5) et *Amour médecin* (II, 3).

159, 5. *Mon ressentiment* — sentiment profond. Cf. *D. Garcie* (III, 3), *Princesse d'Élide* (IV, 4) et *Amans magnifiques* (I, 2 ; III, 1).

161, 19. *La barbe fait plus de la moitié d'un médecin.* Voir le frontispice de *l'Amour médecin*, et les portraits des médecins du temps.

CÉRÉMONIE.

167, 16. *Bene, bene, bene, bene respondere.* Voir la 5e entrée de l'*Amour malade*, ballet du Roy, dansé par S. M. le 17 janvier 1657 : onze docteurs reçoivent un docteur *en Anerie*, qui, pour mériter cet honneur, soutient des thèses dédiées à Scaramouche (représenté par Lulli) :

« *Li Dottori* (le chœur).
Oh bene, oh bene, oh bene
S'incoroni sû sû ;
E che poter dir più
Un Filosofo di Athene?
Oh bene, oh bene, oh bene. »

Henri de Gissey a dessiné la gravure de la thèse dédiée à Scaramouche par Asinus Asinonius, reproduite par l'*Almanach nouveau pour l'an bisextil MDCLXIV.* (Bibliothèque Sainte-Geneviève.)

169, 25. Thomas Diafoirus ajoute ici ce couplet, que la tradition a conservé depuis Baptiste cadet :

Si possum parlare sans aucuno malo,
Unam quœstionem à mon tour risquabo :
Domandabo tibi, docte Bacheliere,
Quæ remedia feminis
Quarum les appas sunt flétris
Trovas à propos facere ?

170, 7. Et pour la petite Louison, on modifie ainsi la réponse :

« Ensuita *fouettare.* »

Imp. Jouaust, L. Cerf.

LES PIÈCES DE MOLIÈRE

PUBLIÉES SÉPARÉMENT

Avec Dessins de Louis Leloir, gravés par Champolliion

NOTICES ET NOTES PAR AUG. VITU ET G. MONVAL

L'ÉTOURDI	6 fr.	»
DÉPIT AMOUREUX	6	»
LES PRÉCIEUSES RIDICULES	4	50
SGANARELLE, OU LE COCU IMAGINAIRE	4	50
DOM GARCIE DE NAVARRE	3	50
L'ÉCOLE DES MARIS	5	»
LES FACHEUX	5	»
L'ÉCOLE DES FEMMES	6	»
LA CRITIQUE DE L'ÉCOLE DES FEMMES	5	»
L'IMPROMPTU DE VERSAILLES	4	50
LE MARIAGE FORCÉ	5	»
LA PRINCESSE D'ÉLIDE	5	»
DON JUAN	6	»
L'AMOUR MÉDECIN	5	»
LE MISANTHROPE	6	50
LE MÉDECIN MALGRÉ LUI	5	»
MÉLICERTE	4	50
LE SICILIEN	4	50
AMPHITRYON	6	»
GEORGE DANDIN	6	»
L'AVARE	8	»
TARTUFFE	7	50
MONSIEUR DE POURCEAUGNAC	6	»
LES AMANTS MAGNIFIQUES	6	»
LE BOURGEOIS GENTILHOMME	8	50
PSYCHÉ	6	50
LES FOURBERIES DE SCAPIN	6	»
LA COMTESSE D'ESCARBAGNAS	5	»
LES FEMMES SAVANTES	7	»

EN PRÉPARATION : *Chronologie Moliéresque* (1621-1673).

www.ingramcontent.com/pod-product-compliance
Lightning Source LLC
LaVergne TN
LVHW050531100826
845148LV00002B/522

* 9 7 8 2 0 1 2 6 8 7 8 2 0 *